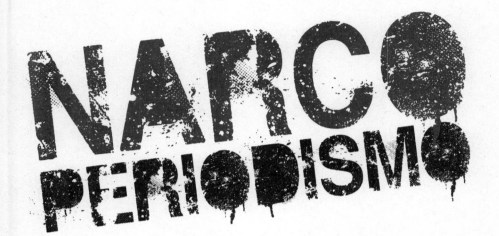

NARCO PERIODISMO

JAVIER VALDEZ CÁRDENAS

La prensa en medio
del crimen y la denuncia

AGUILAR

Narcoperiodismo

Primera edición: septiembre de 2016

D. R. © 2016, Javier Valdez Cárdenas

D. R. © 2016, derechos de edición mundiales en lengua castellana:
Penguin Random House Grupo Editorial, S. A. de C. V.
Blvd. Miguel de Cervantes Saavedra núm. 301, 1er piso,
colonia Granada, delegación Miguel Hidalgo, C. P. 11520,
Ciudad de México

www.megustaleer.com.mx

D. R. © Ramón Navarro, por el diseño de cubierta
D. R. © Cristian Díaz, por la fotografía del autor
D. R. © La Jornada, por las fotografías de portada e interiores

ISBN: 978-607-31-4711-8

Impreso en México – *Printed in Mexico*

El papel utilizado para la impresión de este libro ha sido fabricado a partir de madera procedente
de bosques y plantaciones gestionadas con los más altos estándares ambientales, garantizando
una explotación de los recursos sostenible con el medio ambiente y beneficiosa para las personas.

Penguin
Random House
Grupo Editorial

A *Maicol* O'Connor (+) y Tracy Wilkinson,
inconmensurables periodistas,
a quienes tanto extraño y amo.

A los periodistas mexicanos valientes y dignos,
exiliados, escondidos, desaparecidos, asesinados,
golpeados, atemorizados y pariendo historias,
a pesar de la censura y los cañones oscuros.

A Tania, Saríah, Fran, Javier Erasmo y Gris.
Por estar conmigo, soportarme y sembrar en mí,
a pesar de los nubarrones. O quizá por eso.

Índice

Agradecimientos

A *Blues* y sus pececitos, por la cama tibia, los sueños compartidos y los viajes de mezcal. A Daniela Pastrana y Daniela Rea, por marcarme con su voz y su ejemplo el camino, lleno de rosas con espinas. A Patricia Mazón, Andrea Salcedo, David García Escamilla, César Arístides, ese gran y portentoso equipo de editorial Aguilar. A la banda de Tamaulipas, Monterrey, Veracruz, Xalapa, Ciudad de México y Guadalajara, que no pudieron darme sus nombres pero se abrieron a mi libreta y mi pluma, me entregaron sus latidos y me confiaron su corazón erguido. A Cristian Díaz, por las fotos y por las no sonrisas que le regalé. Al extraordinario y rijoso del periodismo Josetxo Zaldúa, y a los grandes de la lente: Marco Peláez y José Núñez, de *La Jornada*, con un chingo de admiración y gratitud. A Carlos Lauría, del Comité para la Protección de los Periodistas (CPJ) por estar siempre. A Ismael Bojórquez y Andrés Villarreal, de *Ríodoce*, por la amistad, la insumisión, los sueños quebrados pero vigentes, y el periodismo y punto. A Norma y Héctor, y toda la familia Macías, por el hogar ensanchado y la luz. A Fernanda y Mariana, mi solidaridad y compañía. A Ethel: buen viaje. A Fernanda López Villafuerte, por sus mariscos de chapopote… en Puebla.

Prólogo al vacío, al dolor, a la indignación, a la muerte

Los ojos de la reportera se pierden en el vidrio, en la miseria de un sol vespertino que ya no calienta, o al menos, su calor parece que no sirve; la mujer es una lágrima herida, o mejor, una gota de sangre que no sabe dónde esconder tanta rabia, frustración y miedo, no sabe si aquellas ilusiones por indagar, sentir el asedio de la policía, llegar a redacción a afilar la nota, valieron la pena; ella mira a través de los vidrios y en esos ojos que se llenaron de tantos colores, anhelos y paisajes, sólo un gris funeral matiza los destellos...

Las manos del reportero tiemblan, quiere escribir la verdad y la palabra "miedo" se anota sola, desea decir en dónde, cuándo, quién, por qué... y la palabra "miedo" escupe burla, angustia, desilusión, olor de sangre o pestilencia de una casa de seguridad; el reportero tiene hijos, esposa, padres, hermanos, pero también tiene sus muertos y una mordaza, sus muertos y hambre y llanto y sed y una punzada en el pecho que lo obliga reprimir algunas lágrimas, sabe que no puede escribir, no debe escribir, no siente escribir, no sabe escribir porque "miedo" es su casa, el periódico donde trabaja, la ciudad y el país donde vive, donde se esconde y miserablemente sobrevive, pero aun así le dice al teclado, "ándale, cabrón, no te agüites, digamos lo que sabemos, pero sólo "miedo" aparece en la pantalla...

El fotógrafo corre, tropieza, la policía está cerca, los matones, los golpeadores, los sicarios, los perros, las hienas, las pesadillas, y corre desesperado, abraza a su cámara como si fuera un hijo, la palpa con su mano sudorosa mientras la otra manotea en el aire, ardiente, corta las angustias con su desesperación, se aferra a la existencia, pero cae, siente el primer chingazo en la sien, trata de levantarse, manotea, mira de pronto el sudor y la sonrisa del uniformado, del lodo que brama, "ya te chingaste, pendejo", "ya te cargó tu puta madre"; lo golpean, le arrancan la cámara y el alma, se resiste, se revuelca, cede, aprieta los puños, los ojos y todo es negro, gruñidos y voces del infierno, lejanas, muy lejanas, un seco y apenas perceptible llamado del demonio...

Cada vez son más los periodistas desaparecidos, torturados, asesinados en México. Conscientes de que el problema del narcotráfico ha masticado con rabia todas las fronteras, podemos pensar que son sólo los emisarios de los cárteles quienes dan la orden de la ejecución, el levantón, el jodido calambre para que no escriban más en ese periódico que incomoda, estorba, se entromete. Pero no. No sólo los narcos desaparecen y matan a los fotógrafos, los redactores, los periodistas. También hacen su tarea de exterminio los políticos, la policía, la delincuencia organizada coludida con agentes, ministerios públicos, funcionarios de gobierno y militares. El gran pecado, el imperdonable delito, escribir sobre los dolorosos acontecimientos que sacuden a nuestro país. Denunciar los malos manejos del erario, las alianzas entre narcos y mandatarios, fotografiar el momento exacto de la represión, darle voz a las víctimas, a los inconformes, a los lastimados. El gran error, vivir en México y ser periodista.

Cuesta trabajo creer que en un país tan grande y lleno de contrastes, con una geografía maravillosa y recursos naturales que lo harían una potencia, los intereses económicos de unos cuantos estén por encima de la gran mayoría y el discurso con el que impongan su ley sea la impunidad, el asesinato, la corrupción, el despojo electoral, los levantones, la mordaza y el puñetazo artero, implacable a los periodistas que buscan la verdad.

Porque este libro no sólo intenta señalar los nexos del narcotráfico con los periodistas y las dos caras de la moneda ensangrentada: la de quienes son muertos por publicar lo que nunca debieron y la de aquellos que se alían con sicarios, halcones, narcos de todas las escalas para salvar su vida y llevar unos pesos más a casa, manchados, con lodo y sangre, pero en una mano viva, temblorosa pero viva; señalar el silencio obligado, la amenaza que esconde sus fusiles en Tamaulipas, para recordar a cada momento a cada redacción de los diarios que vivir es callar, o publicar sólo lo estrictamente necesario, recordarle a los periodistas que una cuerno de chivo es más efectiva que cualquier teclado.

No. No sólo es un libro de narcotráfico y periodismo, es también un libro sobre el poder político que secuestra y persigue, para matar, torturar, amenazar, a quienes trabajan en los medios de comunicación, como en Veracruz, donde los fotógrafos, reporteros y editores son vigilados en sus casas por enviados del gobierno y amenazados, amarrados de la cabeza a los genitales por el terror psicológico y obligados a dejar el pueblo, la casa, la entraña. Son perseguidos y asesinados por no complacer las preferencias de gobernantes y sus allegados. Mujeres y hombres en la mira, señalados, intimidados, hasta ser emboscados y después de la cotidiana tortura matarlos con salvajismo.

Un libro en el que el periodista es obligado a no hacer nada, a callar, a ponerse la venda en los ojos y el trapo pestilente en la boca; obligado a no informar y alinearse a políticos y empresarios gustosos del aplauso y la farsa, el ocultamiento y la mentira. Un libro en el que el periodista es perseguido como rata, asediado, amenazado, condenado a la tortura, a la pena de muerte por opinar, por pensar, donde el reportero o el fotógrafo, el editor o el redactor deben buscar, qué paradójico, asilo en Estados Unidos pues en su patria la muerte los busca, los huele, los desea con su hocico insaciable.

También podría pensarse, para qué escribir, para qué salir a buscar la nota, a exponer la vida si todos tenemos familia, hijos, padres, si tenemos, aunque sea sólo retazos, ilusiones, esperanza, para qué carajos salir al puto miedo, a ver los cuerpos en las carreteras, maniatados, con el plomazo en la cabeza, para qué reportear la manifestación, si los de arriba ordenaron a policías y granaderos que fueran sobre el fotógrafo, sobre el periodista, sobre esa joven reportera que "cómo chinga la madre", para qué llegar a casa a medianoche a hacer la guardia, a indagar sobre el paradero de aquel estudiante, aquel maestro, el obrero, el migrante, algún día el hermano, la novia, la hija, nuestra jodida sangre.

Pero aún así hacerlo, salir al terror y a la cerveza bajo el gruñido del sol, a tomar la foto incómoda y avanzar con la denuncia, a aferrarse de un pellejo de esperanza para crear un poco de conciencia, una arena de sensibilidad, en los ojos y en el alma. Escribir un reportaje, correr por la nota, decir con miedo la verdad, sí, aunque nos acompañe la angustia, decir el nombre y la ocasión, la hora y el motivo, reportear en el abismo, tener un pedazo de voz, lo suficiente para decirle al lector que también esto es la vida, que en el desierto o la costa, en la gran ciudad y las fábricas, los baldíos y las avenidas, queremos un país mejor, un país donde la libertad de expresión, la igualdad de género, la tolerancia, no sean sólo parte de un discurso político, de una retórica sucia, vieja, inútil.

Quiero con este libro dar voz a mis compañeros periodistas, mujeres y hombres con dolor y pasión, a quienes guardan silencio y a los que silenciaron, a los que les quemaron las esperanzas, a quienes se esconden y se entregan, a los que soñamos y nos derretimos en la noche, agobiados, pero despiertos frente a las teclas, acompañados por el latido incesante de nuestro corazón de nuestra pluma, de nuestro viejo y leal cuaderno. Darle voz a los que aguantan la indolencia de empresarios y funcionarios, y aun así redactan su verdad, a los del mitin y la marcha, los de la detención y el discurso oficial, los que eligen la garganta de la noche como último recurso para no morir, los que dicen con sus fotografías quiero vivir, trabajar, sentir. *Narcoperiodismo*, es también la voz de los compañeros muertos y con ellos, también está nuestro corazón.

Tamaulipas y el periodismo del silencio

Hay cadáveres en las calles. Explota una granada en alguna parte. Un niño muere durante una persecución de militares tras unos halcones. Hay matones detenidos y armas decomisadas, olor a carne quemada, a cabellos muertos. La ciudad es como un panteón de almas en pena, una Llorona multiplicada que en realidad no tiene lágrimas porque las desparrama hacia dentro y nadie debe saberlo, porque sobrevivir es rendirse y acostumbrarse al imperio de los cañones de fusiles automáticos; esa sangre, esa agua salada, las cavidades acuosas, la muerte, el grito de un dolor podrido, no sale en los periódicos: en sus páginas se publica el silencio, acaso un accidente, la alza en los precios de los productos y algún discurso del gobernador.

¿Por qué? Porque mandan ellos, los narcos. Depende qué región de Tamaulipas hablemos, pueden ser zetas o del Cártel del Golfo. El silencio gana. Reportear es no investigar y más. O menos. Es quedarse callado, mirar para otro lado. Hincarse frente a las exigencias de esos, los otros, los que tienen los genitales hinchados y el alma seca: *aquí te la cortas, no más los güevos son míos. Y si publicas algo, te mato.* Es decir, te chingaste. Yo mando.

Así se mueven reporteros, editores, directivos y fotógrafos, y hasta los del área de diseño de periódicos que circulan en diferentes e importantes regiones de Tamaulipas. Lo peor está en la zona conocida como la Ribereña, pero también en Reynosa, Laredo y el sur de esa entidad. Todo Tamaulipas –o Mataulipas, como también le llaman– es territorio narco. Les pertenece a Los Zetas o a los del Golfo, a ambos. Se disputan territorios, controlan, monopolizan y se extienden, deciden qué fotos se publican y cuáles no, cómo y dónde, si se destaca o se imprime chiquita. Depende de las regiones, pero también de coyunturas y operativos del gobierno, aunque esto último es lo que menos peso tiene en esta maraña de violencia, asesinatos, levantones, extorsiones, injusticias, abusos, desapariciones, orfandad, sangre en calles y banquetas, e impunidad.

Ante un hecho violento, por mínimo que parezca –incluidos, claro, los percances automovilísticos–, un enviado de la organización criminal –la que sea– llama o le avisa a algún reportero y éste, al resto de los comunicadores y al editor o director del periódico, para que no publique tal información –sobre una aprehensión– porque es uno de los suyos, y una vez terminada la llamada, entra otra para exigirles que sí la publiquen y le den portada o determinado espacio.

Así se hace periodismo. Así se mueven los comunicadores en Tamaulipas. Publicar o no, cubrir o no. Cierran las secciones policiacas porque de plano no se puede escribir nada sobre hechos violentos. Los directivos y dueños de medios se van a Estados Unidos, como pasó con los del diario *El Mañana;* el gobierno está sólo para recibir dinero de las organizaciones delictivas o protegerlas, y los reporteros están en medio de dos o tres fuegos: los narcos de un lado y de otro, y el gobierno ausente, cómplice y corrupto.

Será por eso que en periodos de aguda crisis de información y ejercicio periodístico, diez o quince empleados de un medio de comunicación renuncian y ni por el finiquito regresan. Dejan ropa, equipo, casas rentadas… para seguir vivos.

Fue en 2006

Para Érick David Muñiz Soto, quien trabajó alrededor de seis años como reportero en Matamoros, Nuevo Laredo y Reynosa, todo empezó en 2006, cuando hombres armados aventaron una granada y dispararon contra las instalaciones del diario *El Mañana*, en Nuevo Laredo.

El Cártel del Golfo controlaba la zona. Ya contaba con sicarios y ex miembros del grupo de élite del Ejército Mexicano, los del Grupo Aeromóvil de Fuerzas Especiales (GAFE), este último grupo que en 2010 se separó del cártel para convertirse en una nueva y fuerte organización criminal.

Los narcotraficantes llamaban a los reporteros o al editor para decirles qué información podían publicar y cuál no. La división en esta organización criminal complicó las cosas, y se agravó con el ingreso del Cártel de Sinaloa a la escena violenta de esa entidad.

"Era un solo grupo y llamaban para decir: esto o aquello no lo metas. Hablaban con el reportero o con el editor, y de hecho hubo un momento en que escogieron a alguien, que regularmente era de la sección policiaca, a quien le daban las instrucciones. Pero cuando llegaron los de Sinaloa, todo se complicó. Ya estábamos al uno y uno, y no sabíamos a quién hacerle caso", sostuvo.

Los de Sinaloa –agregó– llamaban para decir que no publicáramos tal información, y en cuanto colgábamos llegaban los del Golfo para decir que sí incluyéramos el material en la edición del día siguiente y hasta aportaban fotos, información sobre la trayectoria delictiva –si se trataba de un detenido o asesinado–, boletines y demás.

Hasta que se dio el granadazo. Una bala le dio a un compañero de la sección policiaca. A partir de ese día, el diario *El Mañana* dejó de publicar información policiaca y así terminó la sección que tantas ventas generaba.

Versiones de esta empresa periodística señalaron que el número de ejemplares pasó de cuarenta mil a cerca de veinte mil, en ese periodo. Fue como si, en la calle, el mundo se estuviera acabando, entre tantos granadazos, enfrentamientos, asesinatos y desapariciones. Nada de eso publicó *El Mañana* en sus páginas.

Entre agosto y septiembre de 2006, algunos de sus principales directivos se fueron a Laredo, Texas, por miedo a que las balas los alcanzaran. Durante casi seis meses no apareció la sección policiaca en el rotativo.

"Renunciaron un montón de reporteros. La planta de redacción la integrábamos cerca de cincuenta, entre reporteros, editores, fotógrafos, diseñadores y unos doce se fueron, algunos de ellos ni siquiera avisaron. Cinco de ellos eran reporteros y ni por el finiquito volvieron. Les pagaban el hospedaje en una casa, pero ya no regresaron", recordó Muñiz Soto.

Los otros medios informativos –agregó– publicaban información sobre las ejecuciones y otros hechos delictivos, y *El Mañana* sólo los índices de inflación y otra información que no tenía nada que ver con el incendio en las calles de esa región.

La Ribereña

La Ribereña es una zona peligrosísima en Tamaulipas. Es la zona fronteriza del río y, por lo tanto, propicia para la muerte: por ahí los pateros o coyotes pasan migrantes, pero también mujeres que son víctimas de trata de personas, droga y armas. La región es controlada por Los Zetas, que interceptaron a Érick, quien tomaba fotos para un mapa delictivo de la región.

"Yo venía de Piedras Negras a Nuevo Laredo. Estaba en la orilla de la carretera tomando fotos, cuando me cerraron el paso. Eran cuatro, dos en una camioneta que estaba delante y dos más en un carro chico. Me subieron a una camioneta y me preguntaron qué hacía. Les expliqué y les dije que si querían, borraba las fotos. Ellos manejaban y hablaban por teléfono, pasando el reporte. Hasta eso, muy amables. Manejaron como veinte minutos. Uno iba en mi carro, yo en la camioneta con dos y uno más en el otro carro. Se paran, se bajan, me dan las cosas y me dicen que no quieren que tome fotos por ahí, porque andaba su gente y no les gustaría salir. 'Vete y no quiero verte otra vez por aquí. Dile lo mismo a tus compañeros.' Yo pensé que iba a haber un problema, pero no… y ahí me dejaron."

Érick tiene 46 años, pero no los aparenta. De esos, unos 27 en el periodismo, oficio que practica desde que tenía cerca de 19 años, según recuerda. Es corresponsal de *La Jornada* en Monterrey, donde también envía información a la agencia AFP, pero antes, desde 2003, fue editor y reportero en Reynosa, Nuevo Laredo y Matamoros, en *El Mañana*, *Hora Cero* y otros medios de comunicación.

Su silueta flaca le resta vueltas al reloj de su vida, aunque en cuanto al periodismo, está bien correteado. Nadie, lo sabe bien, acumula tanta experiencia en el periodismo para decir que lo ha visto todo y todo lo conoce. Aquí siempre hay historias nuevas y también nuevas formas de contarlas. Quizá por eso no se da por vencido y sigue atrincherado sobre el asfalto de ese sol de Monterrey, que antes fue de Tamaulipas.

"Ahorita está el control de los Golfos, aliados con el Cártel de Sinaloa. La bronca está en Reynosa. Nuevo Laredo y la frontera chica la tienen Los Zetas, de la frontera chica hacia Reynosa la están peleando; por eso hay más desmadre ahí, en Reynosa, que en Nuevo Laredo, y al sur de Tamaulipas, como Xicoténcatl, Mante y Victoria, que colindan con San Luis, porque lo tienen Los Zetas. Hay un grupo armado, de autodefensa, una columna armada que se llama Pedro J. Méndez, en el municipio de Hidalgo; hay versiones extraoficiales que los vinculan con los del CDG, el Cártel del Golfo, para darle un rostro de movimiento ciudadano, como en Michoacán, y golpear a Los Zetas."

Cuando en noviembre de 2008 detuvieron en Reynosa al Hummer –líder de Los Zetas, de nombre Jaime González Durán–, Érick recuerda que varios reporteros iban en grupo y él levantaba la cámara para tomar fotos. Iba pasando un convoy de agentes de la Policía Federal, y ahí estaban Los Zetas. Pero un compañero se le acercó e impidió que tomara fotografías. Él se le quedó viendo, pero también se dio cuenta de que ningún otro reportero estaba tomando fotos. A los pocos minutos, alguien se acercó y dijo "ya muchachos". Ésa fue la autorización de los narcotraficantes para empezar a tomar fotos y reportear.

"No podíamos tomar fotos, hasta que nos autorizaban. Y era un desmadre. Esa vez, hubo coches quemados, bloqueos, la gente se paraba horrorizada... Los Zetas le avisaron a un colega, un reportero que no necesariamente está coludido. Pero es que no les quedaba de otra, si no jalaban, los madreaban. Aunque también hubo quien les pidió un billetito."

En 2009, Muñiz decidió regresar a su tierra, Monterrey, para seguir ejerciendo este oficio, huyendo de las balas, amenazas, desapariciones y homicidios, que se estaban generalizando en Tamaulipas.

¿Por qué te regresaste?
En ese entonces yo estaba casado y cuando vi que la lumbre estaba cerca y a los compañeros periodistas les hablaban, los amenazaban o empezaban a ofrecerles lana, me sentí mal. Uno ya sabía quién en la redacción era el responsable de pasar informes a Los Zetas, las redacciones estaban infiltradas, eran colegas, quisieran o no quisieran, y debían dar toda la información sobre nosotros a los delincuentes.

Hablamos de pueblos pequeños, donde todos se conocían. Un día, por ejemplo, el jefe del periódico comía con nosotros y alguien mandó una botella de whisky y nos dijo el dueño "¿Saben quién es?", nosotros respondimos que no. "Es el Hummer, el jefe de plaza", contestó. "¿Y por qué lo conoces?", preguntamos. "Estuvo conmigo en la escuela, yo sé lo que hace y él sabe lo que hago yo, y nos respetamos." Todos se conocen.

Cuando estaban inaugurando un hotel, el jefe del narco mandó una camioneta para que les regalaran una caja de whisky a los dueños: "Dice el patrón que nada más ahí les encarga que no publiquen nada", y el jefe del diario le contestó que nomás no hicieran cosas como la de San Fernando, donde amarraron a una persona a una camioneta y la arrastraron, porque eso no podían dejar de publicarlo. El sicario les respondió que estaba bien, pero que no escarbaran.

O sea, como que había un acuerdo, pero cuando se complica todo, que tablean a unos periodistas, sobre todo en los pueblos pequeños, dije yo "no, ya estuvo, vámonos a la chingada". Estaban abriendo un periódico en Monterrey, me sirvió y me vine, pero no sabía que la bronca se venía para acá.

Recordó que al principio él ayudaba a reporteros como Diego Enrique Osorno y Ricardo Ravelo, que iban desde la Ciudad de México a investigar casos. Pero los narcos les prohibieron esto porque, de lo contrario, los "iban a chingar". Después, ya ni siquiera podía ir a Tamaulipas, porque sus amigos reporteros eran vigilados por el narco.

"Me tocó decirle a los reporteros que no podían atenderlos ni verlos. También iba a Tamaulipas y no podía llegar a casa de mis amigos reporteros, me decían que no, porque tenían un halcón que les checaba la casa

y me decían 'no te puedo recibir'", manifestó, luego de
recordar a sus amigos muertos; al director de *El Mañana*
en Nuevo Laredo, Roberto Mora, asesinado en 2003,
cuando llegaba a su casa; a un primo desaparecido y un
tío secuestrado y ejecutado en Monterrey.

¿Qué significaba tener un halcón en la redacción?
Yo cubría y él decía "yo voy a reportar todo". Uno sigue siendo cuate de él, que daba luz verde para lo que
se publicaba. Uno evitaba andar con ellos, relacionarse,
porque ya sabías en qué andaba… está cabrona la cosa.
Es la mordaza.

¿Cómo es reportear así?
Está de la chingada, de la chingada. Yo estuve reporteando
en *Hora Cero*, también para *Milenio Semanal, Emeequis* y
La Jornada, yo iba para allá pero es una chinga, porque
tus colegas dicen "no te arrimes, no quiero que me vean
contigo". Las fuentes tampoco quieren, entonces tiene
que ser por medio de abogados, fuentes no tradicionales,
sin apoyarse en otros periodistas. Es muy delicado, gente
que sabe pero que no habla directamente, sino extraofi-
cialmente.

¿Es reportear el silencio?
Pues sí, porque tienes que convencerlos de que hablen,
de que vas a escribir lo que dicen. En mayo del año an-
tepasado escribí un texto en el que puse quiénes eran los
jefes de plaza en Nuevo Laredo, Reynosa, etcétera. Y me
dijeron que no, porque incluí muchos nombres. Así que
lo mandé a otros medios. A las tres semanas detuvieron

a un güey que yo había mencionado, y eso me dio tranquilidad de que estaba bien con mis fuentes, pues confirmaban mi información. Pero también dije "la gente sí quiere contar las cosas, funciona el anonimato, pero también es muy peligroso".

Versiones extraoficiales señalaron que el control del narcotráfico hacia los medios y los reporteros toma tal nivel, que impiden que los periodistas lleguen a ciertas regiones, si por alguna razón no les interesa o les afecta. De Matamoros a Reynosa, es común que los periodistas no puedan viajar, porque el narco se los prohíbe.

La complejidad del crimen organizado abarca tantos niveles que abogados, empresarios e inversionistas manejan el dinero del narcotráfico desde Mcallen y Brownsville, Texas, en Estados Unidos, pero nadie los conoce. Desde ahí operan los recursos y mantienen los nexos con políticos poderosos. A quienes detienen el ejército y la policía, en el lado mexicano, son a cabecillas locales sacrificables.

Huevos a güevo

Lo llamaremos Rodolfo. Él trabajó en diferentes medios de Tamaulipas como el periódico *La Tarde*, en noticieros de radio y otros medios, de 2008 a 2015, en diferentes periodos. Para muchos que lo conocen, Rodolfo tiene preocupaciones éticas, ha sido muy profesional y no deja solo al equipo que ha dirigido. En momentos diversos, en los espacios informativos en que ha trabajado, "se la rifa por la raza", dice uno de los reporteros que trabajó con él, cuando Rodolfo era jefe.

Ya no está en Tamaulipas porque tiene miedo. Si el corazón le latiera al mismo ritmo en que habla, tendría ataques masivos. Pero Rodolfo sabe tomar pausas y aire para contar sus vivencias en esa región del noreste del país, así como lo ha hecho con su vida personal y su trabajo.

Conoció al grupo Matamoros, cuando éste contrabandeaba whisky, aparatos electrodomésticos y ropa, y eventualmente droga. Es el mismo que controlaba importantes regiones de Tamaulipas, sin los niveles de violencia que ahora se padecen en las operaciones del narcotráfico y que no se metía tanto con el trabajo de los periodistas. El grupo Matamoros creció, se fortaleció y se convirtió en el Cártel del Golfo, en la primera mitad de 2000 "había cierta libertad de acción".

En ese momento se publicaban cosas importantes. Luego no se pudo hacer nada de periodismo. Así lo recuerda Rodolfo. Los del Golfo cerraron todas las llaves de la libertad de expresión. La ciudad de Reynosa era una sociedad dominada por delincuentes, igual que las redacciones de los medios de comunicación: infiltrados y divididos.

La de febrero de 2009 fue una balacera mítica. La ciudad se paralizó entre dos fuegos y quedó dividida. Las imágenes de militares sacando niños de las escuelas, vehículos incendiados, y sólo cinco delincuentes abatidos, le dieron la vuelta al país y al mundo. Después de este enfrentamiento entre uniformados y narcotraficantes, a los medios se les impidió publicar: los narcos se paseaban afuera de las redacciones, atemorizando abiertamente a los reporteros, y se iban para que llegaran los militares por la dotación de periódicos.

A partir de ese momento, las prohibiciones llegaron a esta región y ahí se quedaron. El Estado del narco se impuso a la autoridad gubernamental. La ley era la de ellos, los malos, porque la autoridad no existía, estaba ausente o era cómplice de los criminales: "Eran ambientes de prohibición, en el que era un reto hacer periodismo. Un reto que podía llevarte a la muerte. Así de fácil."

En enero de 2010, se dio la división en el llamado CDG. En el puente Broncos, por la carretera a Monterrey, de un lado estaban los del Golfo y del otro Los Zetas, con sus respectivos jefes. Los Zetas tenían en sus manos el sicariato, los ajustes de cuentas, los hechos violentos; los del Golfo eran los que cobraban. La división llegó a enemistad y a un cruento enfrentamiento. Fuentes extraoficiales señalan que uno de los cabecillas de Los Zetas entró a la zona del Golfo y lo mataron. Lo llamaban El Cóncord. Los Zetas reclamaron y retaron a sus primos, y les dieron un plazo de diez días para entregar al asesino. El plazo se venció y esa noche empezaron asesinatos, quema de viviendas y levantones. El exterminio. El exilio de matones sacó a muchos de esa región y los orilló a buscar asilo en Nueva Ciudad Guerrero, ubicada a unos 150 kilómetros al norte. También huyeron autoridades municipales y empresarios de diferentes giros, incluyendo los de venta de vehículos nuevos.

"Esto también afectó el trabajo periodístico. Se fueron cuatro periodistas. Los desaparecieron. Dos de ellos trabajaban en *El Mañana*… esa noche de rompimiento, lo fue para muchos, para todos, no sólo para los narcotraficantes y sus cárteles."

Los enfrentamientos, bloqueos y asesinatos –agregó Rodolfo– no se publicaron en los medios, fue como si en las ciudades de Tamaulipas no pasara nada.

Rodolfo se perdió. Cinco horas sin ser ubicado. Una de sus reporteras dice que bastó con no verlo en la redacción para pensar que había sido levantado por los narcos y quizá no regresaría. Es el director de ese medio y el periódico está en vilo, también su familia y amigos. No contesta el teléfono porque sus captores se lo quitaron. Unas quince veces estuvo en circunstancias similares, y en cada una de ellas se pensó lo peor: no lo encontraremos, está muerto o ambas cosas.

Cierra los ojos, agáchate, súbete al carro. Se lo llevan cerca, él cree que lo conocen, pero no se atreve a hablar. Cree que está en un lugar cercano al periódico porque no pasó mucho tiempo desde que lo sometieron, sin golpe alguno, pues sólo bastó que le exigieran cerrar los ojos y agacharse, hasta que llegaron a ese lugar.

Le dan un golpe en el pecho y otro y otro. "Sabes quién manda aquí, sabes que nosotros somos los jefes. Sabes que aquí nos gusta que las cosas se hagan a nuestro modo. Todo eso lo sabes." Golpe tras golpe. Como jugando a la muerte, como haciéndose sentir. Ningún culatazo ni cañón en la cabeza ni corte de cartucho. Sólo esos golpes. Cinco horas así, perdido bajo sus párpados y en la oscuridad de sus ojos cerrados. "Pobre de ti si los abres."

Ya lo habían asaltado. La camioneta de lujo entregada por el periódico se la llevaron esos narcos que usaban en sus caravanas de la muerte, con las siglas grandes: CDG. Ellos como si nada, él frustrado, pero feliz porque vivía. Cambió la siguiente camioneta de modelo reciente por una más chica y menos ostentosa. Esa no se la robaron.

Nueve de la noche. Lo soltaron alrededor de las dos y media de la mañana. Lo dejaron en el periódico y de ahí fue a su casa. Su mujer no le quería abrir. Creía que andaba de vago, en la peda. Le explicó todo y le enseñó los golpes. "Ay, mi amor. Te marqué y te marqué y no contestaste. Y como nunca sueltas el celular. Y yo pensé…"

¿Qué querían?
Presentarse. Intimidarme. "Ya sabes quién manda aquí", me decían. Y me pegaban un golpe en el pecho. Como jugando, ¿no? "Ya sabe, aquí no nos gusta esto y esto…", sueltan la expresión "se la corta", córtese la reata. "Los únicos güevos son los míos", así me dijo el hombre. Fue algo pacífico, si puede decirse eso. Qué chingados va uno a poner resistencia. Fue alguien cercano, y claro que tuve que echarme mis cervezas.

Después la bronca fue cuando llegué a casa.

Rodolfo es querido y admirado. Y no sólo en la redacción. Es un bato derecho, dicen. Da la cara por el equipo, por los reporteros. Cuando han estado duros los chingazos contra los periodistas, les ordena a todos quedarse en la redacción, que ahí duerman. O bien, que se vayan y no regresen, a menos que sea estrictamente necesario. Da la cara por ellos, dicen. Él escucha lo que se habla sobre su desempeño y no responde. Sin comentarios. Sólo se ríe y entonces florece el amigo, el compa, el solidario, el bato que da la cara y más por sus subordinados que también son sus cómplices y amigos.

En el diario aparece una nota sobre un bebé que muere en una balacera. Los del Golfo se molestan porque no fue balacera ni enfrentamiento: los militares persiguieron a unos halcones y dispararon, pero los halcones, al menos los de esa organización criminal, no llevan armas. Piden saber quién escribió la nota y quiénes son los responsables de que se publicara de esa manera. Lo buscan, lo citan. Rodolfo tiene que ir al Café Sánchez, donde lo espera el jefe de plaza. Explica que él no trabajó el día anterior y el hombre se disculpa como si fuera licenciado. Le dice que deben entender, él es matón y él, Rodolfo, todo un profesionista. Están rodeados de tazas de café, envases de refrescos, recipientes con azúcar y otros más pequeños con sal, y varias armas cortas y cuernos de chivo. Rodolfo escucha y escucha. Asiente. Jefe esto, le dice. Jefe lo otro. Luego le ofrece disculpas porque él no fue y pide que llamen al que estaba en su lugar. Él insiste en quedarse, pero tiene que llamar al otro editor, el que se quedó. Y en cuanto llega, Rodolfo toma la iniciativa y da el primer paso: le mienta la madre, lo regaña, le dice que ponga más atención, que al otro error lo va a correr. Todo frente al jefe de la plaza y sus matones, el café, los AK-47 y el azúcar Canderel.

El jefe de los narcos asiente. Lo deja hablar y hasta parece decirle con la mirada "así se hace", "muy bien". El otro se disculpa, dice que no volverá a pasar. Todos se quedan callados. Rodolfo y su editor están con la cara roja. Parece que quieren llorar pero se aguantan. El jefe de los sicarios rompe el hielo y dice que todo está arreglado. Y pide a la mesera que traigan huevos para todos.

¿Huevos?, se pregunta Rodolfo. No dice nada. Él no come huevos. Los odia. Nunca los ha comido. Y esa mañana los desayunó.

Lo más triste

Angélica es chaparrita y guapa. Morena, pelo lacio y de ojos que destellan, como estrobos en medio de la pista del antro. No se llama así, también pidió anonimato a cambio de conversar sobre el narco, el gobierno y el trabajo periodístico en Tamaulipas. Ha sido fotógrafa, reportera y editora de fotografía.

No es de Tamaulipas ni vive allá, pero como si lo fuera. Se espantó cuando vio un convoy de seis camionetas de un color raro, todas iguales y de modelo reciente, con las siglas CGD –Cártel del Golfo– en los costados, y arriba, en la caja, y en la cabina, hombres armados con fusiles automáticos.

Por toda la avenida Hidalgo, ida y vuelta. Ver ese desfile, sin que nadie, ninguna autoridad hiciera algo "es muy sorprendente, te lo cuentan pero vivirlo es impresionante".

En una ocasión, cuando atacaron las instalaciones del periódico *Hora Cero* y ellas, en la redacción de *El Mañana*, lo supieron, salieron corriendo, hasta los zapatos tiraron con tal de acelerar la marcha y salir con vida. Los reporteros, sabiendo del poderío de los criminales, pensaron que en la lista de los ataques seguía *El Mañana*, fue el 6 de mayo de 2012.

De acuerdo con los reportes de los medios informativos locales, seis hombres encapuchados llegaron hasta el inmueble y gritaron que tenían órdenes de "tronar" el edificio. Los agresores les dieron diez minutos a los empleados para abandonar el lugar, al parecer vía telefónica. Luego se presentaron en la sede de ese rotativo para abrir fuego con armas automáticas.

"Los balazos dañaron la fachada y hubo ventanales quebrados en el nivel superior, donde está el estudio de televisión y la cabina de radio, pero lo más duro es el impacto psicológico, porque la gente no quiere regresar a trabajar", dijo a la agencia AFP, vía telefónica, una fuente que pidió mantener el anonimato, según la nota publicada en el portal del diario *Vanguardia*.

De acuerdo con la información, a las 13:00 horas los directivos de *Hora Cero* ordenaron la evacuación del edificio después de recibir una llamada telefónica. La voz les dijo que "iban a tronar el edificio".

"La empresa editora del periódico, Demar, que también edita varias revistas, siempre ha eludido el tema del narcotráfico debido al riesgo que entraña en algunas regiones del país, particularmente en Tamaulipas, una de las más afectadas por la ola de violencia generada por los cárteles del narcotráfico", dijo una de las fuentes, que pidió anonimato a la agencia AFP.

Angélica recordó que "compañeras mías que venían en tacones abandonaron los zapatos y salieron corriendo. 'Necesito que se vayan ya', gritó el jefe. Nos dijeron 'váyanse y si no tienen a qué volver ni vuelvan.' Nos fuimos como pudimos. ¿Cuál es el límite para trabajar en este país?"

¿Con frecuencia piensas que te siguen?
Te voy a decir algo: aquí hay una manera diferente de manejar, tú espejeabas para rebasar a la izquierda o a la derecha, etcétera. Ahora es increíble que en Reynosa tengas que espejear y además fijarte quién está al frente, atrás o a los lados. Así arrancaba mi carro. No espejeas como medida de seguridad, porque si te van a dar, te dan. Pero fue una manera diferente de subirse a un carro y manejar. Eran increíbles las cosas que cambiaban, la salida de una familia a comprar la despensa era rápido, sólo dos horas. Yo decía que estaba espantada por esas dos horas para ir de compras y comprar toda la despensa de quince días, porque no vuelves a salir. A las ocho de la noche la ciudad ya está en calma. Sólo ellos, los narcos, andan en las calles, en sus camionetas.

¿Cómo hacer periodismo en esas circunstancias?
Mira, aprendes. Te enfrentas a una mafia. Uno trae una manera diferente de trabajar, pero lo más sorprendente para mí fue que aprendes y creces, aprendes a decir "esto no puede salir". Y dices "no armas". No se pueden publicar armas, nada de nada. Así fuera un asalto. Nada que indicara mal aspecto de un hombre, porque no sabías de qué bando era.

Había un fotógrafo que estaba en San Fernando, donde había dos o tres depósitos (expendios) de cerveza. Cuando le pedíamos fotos de los depósitos, él siempre mandaba la misma foto y yo le decía que la tomara desde otro ángulo o que buscara otro depósito. Lo regañaba, discutía con él. Hasta que un día me explicó que todos los depósitos estaban controlados por los narcotraficantes y no podía ir a hacer tomas. Y lo que pasaba era que todos los depósitos estaban en La Ribereña. Es el lugar más peligroso de todo Tamaulipas, de Nuevo Laredo hasta Reynosa. Todo lo que va bordeando el río. Por ahí pasan drogas, armas, indocumentados, mujeres. Entonces, el fotógrafo no podía hacer otra toma. Y entendí.

¿Y ahora qué dices después de que que lograste salir del infierno?
Quiero que entiendas que estoy muy agradecida porque llegué en un momento en que no tenía chamba. Es más, la experiencia que te traes no es el infierno sino la tristeza. En Reynosa hay gente muy trabajadora, luchona, y dices, si salen a trabajar, ojalá regresen. Y es triste ver cómo te acostumbras, porque la gente sufre mucho. Al esposo de fulana se lo llevaron, ¿cómo?, es como decir "qué tristeza", hablamos de un hombre que forjó su negocio durante muchos años.

Lo más triste es eso: acostumbrarse aquí y en todo México a ver eso y no hacer nada. No porque no quieras, sino porque tienes familia y la debes cobijar. Yo quiero a Reynosa, a pesar de que no iba tan seguido para allá, pero cuando vives allá y convives, te das cuenta de que es una provincia muy rica; te dan sin preguntar un raite (aventón). Es gente muy buena, muy sana, a toda madre. A mí lo que me gusta de Reynosa es que vas y te juntas con los buenos amigos y te dicen que aunque vivas con el miedo debes hacer tus cosas. Es triste, la verdad, ver todo esto y tener que acostumbrarte.

Aprender a guardar silencio

Una troca blanca chocó contra un poste en la avenida. Mi compañero de trabajo me avisó. Es la segunda nota del día. Me apresuro. Llego y con mis compañeros nos acercamos a la escena, sacamos las cámaras, enfocamos.

Una camioneta de lujo, último modelo, es la dañada. Avanzamos, levantamos las cámaras:

—¡Ábranse, panochones! ¡Éste no es un jale que vaya a salir en los periódicos! ¡Órale, cabrones! —grita la conductora. La mujer baja de la camioneta y camina para revisar la defensa. Estatura media, tacones, cabello lacio teñido de rubio, piel blanca, nos mira con ceño duro y vuelve a gritar:

—¡A la chingada, panochones!

No entiendo lo que nos dice, percibo que no quiere que fotografiemos el accidente. Para evitar agresiones acordamos esperar a los peritos de Tránsito y Vialidad. Apagamos las cámaras. La conductora sube a la camioneta, habla por celular, nos vigila.

Un par de agentes de tránsito llegan en una patrulla. Desde ahí ven la escena, pasan de largo y se van.

—Vamos a sentarnos al Oxxo, desde ahí sacamos las fotos —propongo a mis compañeros.

Damos los primeros pasos y vemos un convoy de camionetas con hombres armados. Atraviesan la avenida hasta la esquina del choque. Detienen el tránsito de mediodía y rodean la camioneta. La rubia se cambia a un carro color negro. Ellos la protegen y arrancan. El convoy enfila hacia nosotros, se detiene.

—Dejen de estar de panochones y pónganse a jalar —dice la misma mujer.

Y siguen su camino. El sonido de los motores, las armas y el sol me confunden. Los coches vuelven a circular hacia el puente, dos señoras cruzan la calle.

—Era una vieja de la maña (sinónimo de cártel)— suelta uno de mis compañeros, mientras andamos hacia el centro.

Ésa fue la primera vez que oí la palabra "panochón". A partir de ese día la he escuchado con regularidad. También descubrí otras relacionadas con el crimen organizado que aparecieron en el lenguaje popular de esa zona del país.

Panochón es el reportero que, al atestiguar un hecho del crimen organizado, los delincuentes lo ubican y amenazan.

El panochón puede convertirse en dedo (persona que delata) de la maña . También, recibir llamaditas del jefe (regaños del líder de la plaza).

Puede ser castigado con manitas (cachetadas), tablazos (golpes de madera en la espalda y nalgas), tijera (corte de extremidades), fogones (quemada en partes del cuerpo) y piso (asesinato).

Lo que aquí narro es real. Ha ocurrido en algunos lugares de México, en varias ciudades de diversos estados, en diferentes momentos.

Mientras los reporteros nos convertíamos en panochones, los convoyes de civiles armados superaban en número a los de la policía estatal; los enfrentamientos se multiplicaban, pero la vida diaria no paraba.

En la primavera de 2010, se supo que había un vocero del crimen organizado. En los días posteriores, un reportero –a nombre de este individuo– citó a un grupo de compañeros. Nos advirtió quién citaba y qué sucedería si no asistíamos por la madrugada al parque. A las tres de la mañana llegó el mensaje de confirmación del juntón (encuentro convocado por los narcos). Los catorce llegamos y nos pidieron datos generales. Un hombre apuntaba en una libreta. El vocero explicó las nuevas reglas: nadie difunde material sin que pase el filtro del "jefe"; nadie puede ignorar las llamadas telefónicas de la vocería; nadie puede negarse a recibir piscacha (en el ambiente político se conoce como chayote: extorsión que reparten presidentes, diputados y gobernadores) de los capos.

O se convierte en enemigo.

Los directores, los jefes de información y los reporteros de radio, prensa y televisión aceptamos y trabajamos con las reglas del cártel que gobierna la región.

El que no quiere renuncia.

El que no acepta, rompe o evade las reglas, es "castigado".

Si los jefes de plaza son capturados o mueren, las reglas persisten.

Este régimen de control se creó en la guerra entre el Cártel del Golfo y Los Zetas. En un primer momento las bandas delictivas bloquearon la difusión de batallas perdidas o capturas de capos y lugartenientes. Cada cártel impuso su línea editorial, sus incentivos a las mejores notas y también las penas. La imposición del miedo en las redacciones de la zona se supo rápidamente. En un lustro, estas reglas se transformaron y penetraron en las principales plazas del crimen organizado. Las oficinas de comunicación de los gobiernos municipales y estatales fueron rebasadas. El único poder era el narcotráfico. Se adueñaron de la palabra, de la calle, de las miradas, de la vida.

La jornada de reporteo se transformó poco a poco. De salir a registrar accidentes o riñas pasamos a fotografiar cinco cuerpos descuartizados, diez personas ahorcadas colgando de puentes, cuatro asesinadas cuyos cuerpos eran tirados en la calle, envueltos en sábanas.

Ver las calles y los cadáveres y no sentir miedo ni asco. Una honda confusión bloqueaba el terror. La desconfianza reinaba en la jornada de trabajo. Al ver amigos, personas conocidas, hombres y mujeres respetados por la sociedad, asesinados y señalados con narcomensajes, extendió la desconfianza.

Un par de compañeros pidieron solamente trabajar durante el día. Las notas exclusivas desaparecieron. Antes, quien llegaba primero al choque, al asesinato, al suicidio, lograba las mejores fotografías o el dato extraordinario. Después, no volvimos a reportear solos. Pero ese plan de protección que hicimos de manera instintiva fue insuficiente para controlar la ansiedad de atestiguar lo que sucedía en la calle.

Además, los medios —sobre todo los manejados desde otras ciudades— no protegieron a sus trabajadores. Supe de una ocasión en que un compañero quedó en medio de las balas de soldados y sicarios. Días después contaba entre risas que, al momento de echarse pecho tierra, lo que temía era el regaño de su mujer por la mancha de aceite en la camisa.

Esa experiencia no fue suficiente. Las imprudencias continuaron hasta que uno de los compañeros murió baleado en un fuego cruzado. Solamente el capo abatido y los integrantes de las fuerzas armadas asesinados aparecieron en las notas. A mediados de noviembre, los jefes fueron sensatos:

—Nadie va a balaceras. No hay que arriesgarse en esos jales. No vale la pena— dijo el director del periódico.

Interpreté la orden como: trabajen con precaución para llenar de notas las ocho páginas de la sección. En la realidad, no había situación o detenido sin relación con la delincuencia organizada, de un grupo u otro. El ambiente era hostil: el estrés de los soldados, la dejadez de los policías locales, la complicidad de los ministeriales, la dureza de los marinos, los halcones (jóvenes vigilantes) merodeando. La noche era un campo de trocas, ráfagas, cadáveres y mensajes dejados presuntamente por el crimen organizado. Los jefes de los medios pactaron cancelar las guardias nocturnas.

Pero dormir era complicado, después de saber los planes de guerra y la cantidad de muertos y enfrentamientos. No contar nada en casa era lo mejor. Las cheves, el antídoto para descansar.

Los cárteles de la droga se metieron a las redacciones, a los foros de televisión, a las cabinas de radio. Cinco o seis compañeros renunciaron para trabajar con el crimen organizado. La figura del vocero se consolidó, pese a las capturas y ejecuciones de jefes de plaza.

El vocero es tu cable a tierra. Tener ese vínculo inquieta y, a la vez, tranquiliza. La conexión directa evita peligros. Algo parecido a lo que sucede en la primaria cuando eres amigo del niño más fuerte, abusivo y berrinchudo del salón. Sabes que sus acciones son irracionales, pero si el maestro no es capaz de reprenderlo, ¿por qué tendría que hacerlo alguien más? La cercanía con un bando delincuencial te convierte en blanco fácil del grupo contrario. Pocos reporteros confiábamos totalmente en otros compañeros. Los grupos de amigos del trabajo se redujeron.

"Esta nota sí sale por encargo de aquéllos. Dale llamado", se oye a media jornada en la redacción. Nadie detiene el tecleo.

"El detenido de rojo está protegido, no incluyas el nombre", recomiendan en la prisión preventiva.

"Llamaron de parte de aquéllos para pedir que el choque no salga. No lo metas", ordena el editor en jefe desde su oficina.

"Hay dos notas de detención. Ni se te ocurra publicar la de acá, coloca la de allá."

"Amigo, queremos, de favor, que la manifestación vaya de principal, con la foto entera", me ordena una voz del otro lado del teléfono.

Al mediodía siguiente recibo otra llamada.

—Un capitán de fuerzas federales te busca. Está en la recepción —dice la secretaria.

—¿Qué quiere?

—Es por la nota de portada.

Un día antes, madres de familia de detenidos, acusados de ser presuntos integrantes de la maña, protestaron por supuestos abusos de las fuerzas federales.

—Queremos saber por qué publicaron la nota —pregunta el capitán. La redacción la resguardan funcionarios armados en camionetas.

—Se publicó porque consideramos que el tamaño de la protesta y las madres dieron los datos precisos de las acusaciones —respondo. Los nervios provocan que mi pierna derecha se mueva.

—Esos chamacos son mañosos. ¡Nada más vea las caras! —dice señalando la portada del periódico y mirando al par de marinos que lo acompañan.

—¿Abusaron de ellos o no? Tiene derecho de réplica —planteo mirándolos.

—Queremos saber por qué publicaron la nota.

—Vaya a los demás periódicos a preguntar, aunque dudo que no sepa que estamos entre la espada y la pared.

—Lo sabemos. Si tiene algo nuevo sobre esto o cualquier situación personal apunte mi teléfono, para que no haya malentendidos —dice el capitán y se despide sin cuestionar nada más.

Al gobierno no le importa. La intervención de fuerzas federales en los operativos provocó los primeros reclamos. Las manifestaciones para denunciar abusos de los marinos se reprodujeron en distintas ciudades de la región.

Son pocas las ocasiones en que el Estado reacciona ante la información difundida con un trasfondo evidente de narcotráfico. Por eso los reporteros temen señalar: tal cártel o tal otro. Pronunciar sus nombres exalta e incomoda a los narcos. Hay orejas (espías que se hacen pasar por reporteros) y medios que nacieron y han crecido bajo el amparo del narcotráfico. El recelo y la cautela en lo que se habla y escribe es una herramienta de supervivencia.

La comunicación se da de voceros a reporteros. En caso de un error del editor, del jefe, "paga" el reportero. En caso de una falta mayor, revienta una bomba frente a la redacción, desaparece un director o los familiares. La autocensura es la manera de sobrevivir. No publicar para no sufrir o morir.

La frustración de no ofrecer la información inmediatamente la sobrellevo pensando que en el futuro habrá tiempo para contar lo que vi, las historias y reportes que obtuve, lo que corroboro con los meses.

Lo único publicado son las repercusiones de la inseguridad: que si la iniciativa privada dejó de producir 42 mil millones de pesos; que si se incrementaron al doble los tratamientos del estrés postraumático; que si los desplazados, que se cuentan en miles; que si la mayor parte de la clase alta huyó a Jalisco, Querétaro o Texas. A pesar de que no publicamos el horror, los ciudadanos se enteran, nos culpan por no publicar, hacen sus maletas y huyen. Cada año, la Encuesta Nacional de Victimización y Percepción Sobre Seguridad del INEGI confirma que 80 por ciento nos sentimos inseguros por vivir en esta región.

Lo asumí: aquí no hay derecho de informar ni de trabajar con libertad, no hay seguridad. Secuestran amas de casa, obreros, niños. Los que comunican vía Facebook o Twitter también son panochones. La diferencia entre nosotros y ellos es que nosotros sabemos qué informar sin correr peligro. Pienso que entre tanta muerte agarrarse a la vida es una manera de luchar.

A partir de 2013, la rutina de trabajo se tranquilizó. Volví a reportear solo. Las exclusivas caían a cuenta gotas. La vocería se mantuvo con sus reglas. La población de panochones aumentó debido a los usuarios de las redes sociales que reportaban hechos delictivos.

Ese lapso leve de calma se rompió de nueva cuenta por conflictos entre los mismos cárteles. Los bloqueos, las balaceras, las masacres y el silencio resurgieron. El gobierno quiso imponerse. La desconfianza volvió. En esta región histórica para la delincuencia, cualquiera puede ser hijo, vecino, primo, amigo, esposa, hermana de delincuente, o peor, ser sicario, halcón, estaca (guarura del jefe), extorsionador, contador o lavador de dinero. Los informes extraoficiales revelan que en tres meses de 2015 hubo más de 250 cadáveres. Los videos de asesinatos y los mensajes de alerta inundaron las redes sociales. El panocheo rebasó el poder del medio de comunicación tradicional, la figura del reportero.

Yo, desde la redacción, sigo observando la batalla. Aprendí a ser un panochón, no un héroe.*

---

* Este texto es anónimo y fue publicado originalmente en *Animal Político*, en noviembre de 2015. Para este libro fue modificado.

En México, los principales agresores de periodistas y defensores de derechos humanos son los propios servidores públicos (incluidos policías, integrantes de los tres niveles de gobierno y de las fuerzas armadas, entre otros).

En segundo término, están los particulares y los agresores no identificados, de acuerdo con un documento de la Secretaría de Gobernación (SG), en el cual se detalla la operación del Mecanismo para la Protección de Personas Defensoras de Derechos Humanos y Periodistas.

De octubre de 2012 a febrero pasado, la Junta de Gobierno de este mecanismo, en el cual participan funcionarios y grupos civiles, aceptó 299 de 369 solicitudes de comunicadores y activistas, después de comprobarse que se hallaban en riesgo o eran blanco de ataques debido a su actividad.

En cuanto al tipo de agresiones, doce beneficiarios del mecanismo sufrieron secuestro (siete periodistas y cinco defensores); 92 agresión física (aquí se cuenta a 60 periodistas), mientras el registro documentado de 236 amenazas, la mayoría recae en el gremio de comunicadores.

Por entidad, según donde radica la persona que requiere apoyo, sobresalen, por número, Ciudad de México, Veracruz y Guerrero, con 61, 43 y 24 casos, respectivamente.

La Jornada
13 de marzo de 2016

La represión silenciosa

Para José Raúl Torres, el trabajo enajenante, que domina tu tiempo y al que dedicas unas diez horas diarias, cuya cobertura la ordenan los directivos de los medios, es una forma de censura periodística. Al final de esas jornadas, que quizá se inician a las ocho y terminan alrededor de las dieciocho horas, el reportero no puede hacer nada más: no piensa ni tiene energías para proponer nuevas coberturas y mucho menos reportear nuevas historias, con un tratamiento diferente al que te imponen los poderosos, el gobierno, los políticos y la cúpula empresarial.

"Es como si te dijeran, porque a eso te orillan: si quieres hacer periodismo, hazlo en tus tiempos libres. Por eso digo que es otra forma de censura. Te cargan de acontecimientos, cubres esto y aquello, y te dedicas a eso, a cubrir la agenda de ellos, de los gobernantes, la que te manda cubrir el medio. Y entonces te desocupas tarde y ya no tienes energía ni tiempo para nada más. Es el trabajo enajenante. Es otra forma de censura aquí en Guadalajara, en esta zona metropolitana y en buena parte del país", dijo.

José Raúl ha cubierto hechos de violencia relacionados con el narcotráfico pero también con asuntos políticos, en regiones como la capital jalisciense, Veracruz y Michoacán. Tiene alrededor de cuarenta años y de ellos unos trece dedicados al trabajo periodístico. Empezó en Mazatlán, haciendo cobertura de actividades culturales y reseñas de libros, en el semanario *Ríodoce*. Luego trabajó en el diario *Noroeste* y en *El Sol del Pacífico*. Después en *La Jornada* Jalisco –que cerró en diciembre de 2015, aunque él ya no laboraba ahí–, en *Más por Más* y ahora en *El Universal*, cuya cobertura abarca, además, Jalisco, Nayarit y Colima, y en la revista *Magis*, del Instituto Tecnológico y de Estudios Superiores de Occidente (ITESO).

En Guadalajara, los reporteros son obligados a borrar comentarios, críticas, denuncias y crónicas que publican en sus blogs o en redes sociales como Twitter o Facebook. Entregan la cuota de notas que se desprenden de las coberturas de esa agenda burocrática y aburrida, y en cuanto pueden construyen historias humanas de denuncia, critican y desnudan los negocios logrados, desde el poder político, con las cúpulas empresariales. Aunque ambos tengan nombre diferente o se desprenden de diferentes grupos o partidos, al final terminan haciendo negocios, invariablemente.

En las notas, los reporteros hacen el trabajo que les encargan, rendidos, sometidos a esa burocracia de los medios informativos: protestas, conferencias de prensa, entregas de apoyos del gobierno, actividades educativas y un largo etcétera. Es la agenda impuesta, la oficial, la del gobierno y la publicidad que éste entrega a los periódicos, noticiarios de radio y televisión, y los amarra obligándolos al silencio servil, al periodismo callado, gris, de blancos y negros, sin voces discordantes ni expresiones fuera de tono sobre el gobierno y, en general, a divulgar ese oficialismo aburrido y de cartón.

Cuando el reportero grita, protesta, critica, desnuda estos negocios, lo hace por su cuenta. Y aun así, son víctimas de censura. El jefe de información recibe una llamada del funcionario, del jefe de la oficina de prensa de tal dependencia gubernamental, de parte del amigo del jefe, del dueño, del compadre, del socio. El objetivo es que ese prietito en el arroz del sospechoso consenso sea eliminado o, al menos, movido. Entonces, el jefe de información llama al reportero y lo obliga a borrar la frase, la historia publicada en su cuenta de Facebook, porque está perjudicando al jefe y sus relaciones. Muchas veces, al reportero lo cambian de fuente, es suspendido o cesado.

José Raúl acababa de cumplir un año de cubrir lo de Apatzingan, en enero de 2015, cuando agentes de la Policía Federal mataron a varios civiles durante el desalojo del Palacio Municipal por parte de un grupo llamado Los Viagras, sumado a las autodefensas, pero al que se le vinculó con el crimen organizado. En el lugar, una persona murió atropellada y ocho civiles fueron asesinados a balazos durante un supuesto enfrentamiento con los federales. Pero no, no tenían armas.

¿Cuál es tu diagnóstico del periodismo que se hace en Jalisco, pero sobre todo en Guadalajara?
Bueno, en Jalisco hay muy poco periodismo regional, es un estado muy centralista. La zona metropolitana de Guadalajara es donde se hacen cosas, aunque hay regiones como Ciudad Guzmán, donde hay periodismo local pero es complicado porque hay mucho control del gobierno y de la delincuencia. Mucha vigilancia y temor por hacer

cosas en las regiones, porque es más complicado. Son lugares invisibles hasta que algo sucede ahí. Sí hay gente que lo hace, pero es muy complicado y peligroso.

En la zona metropolitana de Guadalajara el periodismo es muy político, muy de la agenda, de seguir día a día la agenda pública. Hay quienes hacen periodismo de investigación; como que le apuestan a ese tipo de cosas, hablan de personas desaparecidas. Por ejemplo, en Jalisco hay más de tres mil desaparecidos y es segundo o tercer lugar en este renglón en el país y se hacen coberturas, pero es algo que regularmente no hacen los diarios. Está *Proceso* Jalisco: en lo personal, desde que se fue Felipe Cobián, no termina de asimilar el cambio, como uno de los medios críticos. Hay periodistas que en lo personal se esfuerzan por hacer periodismo, pero se topan con los medios para los que trabajan. Pero es más una cuestión personal y ética, que de medios y empresas. Es decir, lo hacen porque ellos quieren hacerlo, saben que es su deber como periodistas, no porque alguien se los pida.

Difícilmente hay empresas que se preocupan por fomentar este periodismo, pero también hay empresas que se preocupan por respetar la libertad de expresión. No censuran, dejan hacer pero tampoco se preocupan por la seguridad de los periodistas, su capacitación, etcétera.

¿Cuál es la principal amenaza de los periodistas?
Tiene que ver con dos cosas, la fundamental es la publicidad oficial. La mayoría de los diarios, con excepción de *El Informador*, vive del presupuesto estatal, o sea de lo que le dan los gobiernos. Tiene más tiempo

y circulación alta, muchos convenios comerciales, pero también los dueños tienen intereses políticos. Hablamos de que el poder económico está muy vinculado al poder político, y en Jalisco tiene mucho que ver con la delincuencia organizada: desde los ochenta, cuando empezaron a hacer sus negocios los narcotraficantes que venían de Sinaloa, se relacionaron con la gente de aquí y los grandes criminales tienen a sus hijos saliendo en revistas de sociales, con las familias de abolengo. Es decir, los de abolengo recibieron capital del narco, hicieron caldo de cultivo. Aunque también hay hijos de narcos que intentaron forjar su propio nombre de modo lícito. Pero se generó un gran poder económico a partir de la delincuencia organizada. Hay que darse una vuelta por Zapopan, Andares, que se han construido a partir de la delincuencia organizada, donde encuentras edificios de veinte o treinta pisos, pero deshabitados; y hay edificios o departamentos que se venden en veinte o veinticinco millones de pesos en un municipio como Zapopan, donde, según datos de Coneval, habitan desde los más ricos hasta los más pobres.

Datos del Consejo Nacional de Evaluación de la Política de Desarrollo Social (CONEVAL) indican que el municipio de Zapopan se distingue por ser el más desigual en el área metropolitana de Guadalajara. De un lado, la opulencia, en proyectos inmobiliarios como Puerta de Hierro, Valle de Real y demás, y del otro, la pobreza en importantes zonas.

Datos oficiales indican que alrededor de 22.8 por ciento de la población vive en condiciones de pobreza, lo que significa cerca de 296 mil personas, de las cuales, alrededor de 28 mil viven en extrema pobreza.

"La construcción ha sido nicho, igual que el comercio, del narco. Muchos negocios que vienen de ahí son generados por ese poder político y económico que también tiene que ver con la censura en el trabajo periodístico."

Así pues, narcos y políticos quieren controlarlo todo, imponer. Ordenar sobre todo.

Además hay una tradición conservadora en la clase política y en general en la sociedad tapatía.
Se habla de que es una sociedad conservadora, pero también de una lucha y resistencia interesantes, que por lo mismo se hacen invisibles. Tiene que ver con una forma de ser de los tapatíos, con una doble moral: digo que no hago esto pero lo hago, por debajo de la mesa, porque me conviene. Se presta mucho para todo esto, la apariencia, por un lado, y la negociación a oscuras, por el otro.

¿Cómo afecta al periodismo la agenda de los poderosos?
Esa agenda la hacen periodistas, pero también quienes realizan la agenda política buscan no seguir la pauta del poder e ir más allá, ser críticos, pero es una decisión personal. Son los menos, tampoco voy a decir que son garbanzos de a libra; sí hay muchos que son honrados, intentan hacer bien su trabajo y dicen "yo me la voy a rifar, no voy a vender la decencia". Claro que está lo otro, los que van tomando posiciones, que son funcionales para el gobierno, y están en jefaturas, programas de gobierno, reciben recursos, etcétera.

Pero es un periodismo acorralado y lejano a la gente.

Sí. Es un periodismo alejado de la gente cuando ves que para hacer visibles a los desaparecidos, un problema fundamental de este estado, y por el que hicieron mucho los familiares de los desaparecidos, costó mucho trabajo que el problema se empezara a difundir en los medios. Tuvieron que salir las madres de los desaparecidos, una y otra y otra vez a la calle, realizar protestas, hasta que alguien las vio. Tuvieron que hacer una y mil cosas, y entonces alguien las escuchó y ahora las ven. Es algo muy complejo, incluso en cómo abordar estas historias. Ven a los desaparecidos como hechos aislados, distantes. No vemos que también son desaparecidos tuyos, que todos estamos en riesgo y le puede pasar a cualquiera, que estas personas salen a buscar a su familia y también buscarán a quienes desaparezcan de otras familias. Esa falta de solidaridad de la sociedad en general se refleja en el periodismo y muchas veces la cobertura es porque es un tema coyuntural.

¿Cuáles son los temas de los poderosos?

El tema electoral y, con ése, el tema económico. El negocio que permite el poder político, que deja el poder político. Creo que a veces a los políticos que roban les vale, los habrá y los hubo, pero es menos grave eso. La cantidad de negocios que se hacen a partir del poder, del privilegio que te da ejercer el poder, el dinero público. Por ejemplo, lo que pasó con el Movimiento Ciudadano, que crece a partir de la figura de Enrique Alfaro, empieza aquí y lo ven como un *crack* de la política, ¿qué pasó? De un tres por ciento de votos, sube a

34 por ciento y se queda a tres puntos de ser gobernador. Le regalan el partido y mete una serie de personajes que se beneficiaron del poder. Ellos alegan que hicieron un trabajo honrado, que no robaron. Concediendo eso, sí se han beneficiado de las posiciones que tienen y han ganado del dinero público. Y el ejemplo es esta empresa Indatcom –proveedora del partido Movimiento Ciudadano, en materia de servicios tecnológicos– que hasta donde tengo entendido recibió dinero del Instituto Nacional Electoral (INE) para resguardar el padrón electoral y lo aloja en un servidor gratuito, para ahorrarse dinero. Y resulta que hacen negocio con el padrón electoral, lo cual es muy peligroso.

Torres afirmó que en Guadalajara, con el pretexto de la reorganización de la ciudad, el primer negocio inmobiliario de esta entidad fue expandirla, explotarla, hacer de ella lo que es ahora, "un pinche monstruo de siete cabezas, insostenible, insufrible, que tiene problemas de tránsito como en la Ciudad de México, aunque no tiene ni la cuarta parte de su tamaño, que tiene mayor proporción de automóviles por persona que la capital del país cuando tiene cuatro veces menos habitantes."

Ese *boom* inmobiliario, que creció y se alimentó con los programas de reordenamiento de la ciudad –agregó– dejó mucho dinero al poder político: "Hacer casas de la chingada, en la chingada, con casas de Infonavit sin servicios ni nada, hacer desarrollos y fraccionamientos en casas del carajo. Y ahora la ciudad se dispersó y se empezó a despoblar, ha perdido población desde hace unos diez años, y ahora vuelven esos proyectos inmobiliarios alrededor de las tres líneas de tren ligero, 750 metros de cada lado, se van a modificar los planes parciales para que haya crecimiento. Lo están haciendo en el centro de esta ciudad, en la Chapultepec, de este lado y de aquí hacia el centro, porque del otro sigue siendo una ciudad clasista, un área atractiva, un emporio. Le están metiendo mucho dinero para que la gente de muchos recursos viva aquí y desplace a las personas. Ahondar el clasismo. Es un negocio inmobiliario impresionante, como lo que pasó en ciudades como París, Londres, la Ciudad de México."

El comunicador dijo que el alcalde de Guadalajara, Enrique Alfaro, quien además es probable futuro gobernador, lo primero que hizo fue agradecer el apoyo al ex senador del PRI, Raymundo Gómez Flores, uno de los beneficiados del Fobaproa (Fondo Bancario para la Protección del Ahorro, que terminó favoreciendo a los bancos y no a los ahorradores), un constructor que edificó en La Primavera, a pesar de que es una zona boscosa protegida.

"Gómez Flores es uno de sus aliados económicos, pero también apoyó a Aristóteles Sandoval, gobernador del estado y destacado militante del Partido Revolucionario Institucional (PRI). O sea, el poder político de diferentes fuerzas se relaciona con los mismos empresarios para hacer los mismos negocios y muchas veces se financian con dinero ilícito."

¿Cómo afecta esto el trabajo periodístico? ¿Qué le puede pasar a un periodista o a un medio por cuestionar, escribir, denunciar todo esto, denunciar a un poderoso y desnudar estos negocios?

Cuando se dan esas cosas, y han pasado, generalmente responden hablando al diario, presionando. A veces de buena manera, otras de mal modo, depende quién haga la llamada. A veces pidiendo la cabeza de un periodista o que lo cambien de fuente; pero también han corrido a periodistas por esto y todo está en la negociación, la pauta publicitaria, en el mejor de los casos. Afortunadamente, no hay periodistas asesinados o desaparecidos, aunque sí han tenido discusiones con funcionarios; pero hay otro mecanismo que se empezó a usar en 1994, cuando llegó el PAN al gobierno: la cooptación. Un chingo de periodistas se han ido porque los sueldos son miserables; sin embargo, les ofrecen mucho dinero después de escribir algunas de estas historias, y de ellos están plagados las oficinas de comunicación social, del gobierno, de organismos autónomos. Ésa es una forma de desmantelar el periodismo. Yo les digo: "¿Qué haces allá, cabrón? ¡Si eras de los más aguerridos!" Yo no lo haría, pero tampoco lo critico. Tienen casas que pagar, hijos que mantener, pero me parece una manera efectiva de desmantelar el periodismo crítico, que va más allá de la agenda oficial.

José Raúl está sentado. Sudó un poco luego de pedalear su bicicleta desde el centro de la ciudad hasta el café en que lo entrevisto. Toma un agua de color morado, con muchos hielos. Y de tanto sorber parece empecinado en enflacar el popote. Queda poca agua en el fondo del vaso de plástico, siguen ahí los hielos, disminuidos pero igualmente frescos. Atardece en Guadalajara, su frente no deja de sudar, ni su mirada de moverse como chuparrosa hurgando entre las flores.

Cuenta que los periodistas que son cooptados se lamentan de haber aceptado puestos en el gobierno, como jefes de prensa, pero lo hicieron por sobrevivir. "Pues qué hago, muriéndome de hambre, con un sueldo de cinco mil pesos al mes, debo pagar las colegiaturas de mis hijos, la casa, y con tres años sin un aumento salarial, con dos o tres trabajos para que salga para la comida, dejando mi salud para salir adelante..."

Y añade: "Mira el caso de los negocios inmobiliarios en el periódico *El Informador:* cuando a unos periodistas les encargan hacer trabajos sobre torres irregulares, y se publica, con una multa se regularizan y se acabó el problema para los empresarios. Pero se quejan con los dueños del periódico y al reportero lo cambian de trabajo, de fuente. Les dicen hasta aquí. Hay periodistas críticos en sus redes sociales, exhiben a los políticos, los empresarios que trafican con influencias y se enriquecieron apoyándose en el servicio público... '¡Qué pedo con tu pinche periodista!', dicen, airados y poderosos, porque en las redes sociales pusiste lo que no pudiste escribir en el medio, en la nota o reportaje. 'Oye, baja ese comentario, ese twuitter'. En medios como *Milenio* y muchos otros ha pasado esto."

Fuentes extraoficiales, allegadas al gobierno de Guadalajara, sostienen que Alfaro se enfrentó al "viejo poder", encabezado por los hijos de Martha Sahagún, esposa del ex presidente Vicente Fox, y Víctor Urrea, un prominente empresario inmobiliario de filiación priísta, cercano al gobernador Aristóteles —con quien laboró cuando fue alcalde de la capital tapatía—, quienes se negaron a compensar por violar los reglamentos municipales ya que construyeron torres de veinte pisos o más, cuando sólo se permiten de ocho.

"Es un reglamento que impulsó Alfaro, para compensar con áreas verdes y otras obras y no demoler esos edificios. Que, en lugar de ello, hagan otras obras en beneficio de la gente, que mitiguen los daños, porque estas torres implican más consumo de servicios como agua potable, más tránsito, y alguien tiene que pagar. Urrea convocó a otros empresarios a rebelarse, a sacar las inversiones de Guadalajara y llevárselas a otros estados o países. Y Alfaro les contestó que compensen, que paguen, pero si quieren sacar sus inversiones, que lo hagan", señaló el funcionario, quien pidió mantener el anonimato.

José Raúl afirmó que este periodismo enajenante, de llenar la agenda con sucesos gubernamentales, se olvida de las historias humanas, los problemas de la gente y es otra forma de censura: el triunfo del poder y los poderosos, sus negocios turbios, el lavado de dinero, los desaparecidos, las injusticias y la violencia en sus diferentes y dolorosos rostros.

"A los que más pega esto es a los jóvenes, los chavos. Los ningunean, los maltratan y terminan aterrizados, frustrados porque no pueden lograr sus sueños de contar historias. Y para hacer periodismo, lo deben realizar en sus blogs, en las redes sociales, las páginas personales, pero no en los medios. Allí los castigan, marginan o corren. La verdad es algo cabrón, frustrante para nosotros, pero más para ellos, porque van empezando y ya tienen estos ingratos episodios. Es decepcionante."

Incapacidad y bajos salarios

Sonia Serrano es periodista desde 1990, a pesar –o quizá por eso– de su formación como abogada. Vive en Guadalajara y actualmente labora en diferentes medios, entre ellos NTR, que apenas cumple un año este 2016.

"El problema más delicado que tiene el periodismo es con la clase política y con las condiciones que generan algunos medios. En Jalisco se pagan bajos salarios, hay poca capacitación y quienes lo hacen es por su cuenta. Muchos de los medios grandes, nacionales y con un diario o un canal de televisión, hacen sus contrataciones *outsourcing* (subcontratación), lo que impide a la mayoría de los periodistas tener seguridad social y prestaciones, con sueldos bajos, salvo algunas excepciones. Esto hace muy vulnerable la vida cotidiana de los periodistas", manifestó.

La mayoría de los medios electrónicos –agregó– basan su fortaleza en la publicidad del sector público y tratan de incomodarlos lo menos posible, "esto genera un círculo vicioso de contratar a jóvenes recién egresados porque salen baratos, no los hacen investigar y entonces no incomodan a funcionarios del sector público".

La comunicadora ha dado varios talleres sobre entrevista e investigación periodística, ya que funge como integrante del Consejo Consultivo de la Universidad de Guadalajara, en el Centro Universitario del Sur, llamado Cusur. Negó que en el periodismo tapatío haya mediocridad, pero sí incapacidad para contar historias sobre narcotráfico, negocios logrados al amparo del poder gubernamental y abusos perpetrados por el medio empresarial, coludidos con servidores públicos.

"Creo que no ha sido fácil en los medios cruzar la línea, aunque hay algunas señales de que hay gente en la política que recibió financiamiento del crimen organizado o tiene relación con éste, pero en general la prensa de Jalisco no ha tenido capacidad para cubrir estos temas."

Dijo que en algunas regiones, como Autlán y Lagos de Moreno, se hace buen periodismo, a pesar de las dificultades. Destacó que no cree que el periodismo esté en crisis, aunque lamentó que prevalezcan condiciones desfavorables para ejercerlo: "Me parece que el buen periodismo siempre será vigente y siempre se encontrarán espacios; desafortunadamente, las condiciones para ejercerlo se han complicado. Yo cubro el área política y en Jalisco eso incomoda mucho pues no les gusta que les investigues la corrupción, pero he tenido libertad de publicar. Sabemos las condiciones en que trabajamos, no te haces rico ni te da comodidades, pero no puedes desilusionarte. No es lo justo, pero así funciona."

¿A quién le debe uno temer más como periodista?
Creo que sería a los políticos por el poder que tienen sobre los medios, quizá representan el riesgo más importante. Y del otro lado, las desfavorables condiciones labores de los periodistas.

Serrano manifestó que muchos compañeros con cierta experiencia en trabajos de investigación tuvieron que irse a la *frilanceada* (trabajar por su cuenta) o refugiarse en medios que no tienen circulación o de circulación gratuita y que generan espacios para publicar. Puso como ejemplo a la joven Alejandra Guillén, quien ha hecho investigaciones periodísticas y ha publicado en el semanario *Proceso*.

De ataques, ausencias y represión

En un documento publicado por Jade Ramírez Cuevas, periodista y consejera del Mecanismo de Protección para Personas Defensoras de Derechos Humanos, el 15 de febrero de 2015, lanza voces de alerta sobre el periodismo que se hace en Jalisco, la forma en que trabajan los comunicadores y el papel de los medios y el gobierno, desde una perspectiva crítica y autocrítica.

Son miradas frente al espejo: reconocimiento de grietas, orificios, quemaduras, cicatrices, cuarteaduras, desolación, desesperanza, luces y oscuridades. El periodismo nuestro de cada día. Mirar, asomarse a los intersticios, abrirse paso entre los músculos adoloridos de este espinoso trabajo informativo.

No es la violencia, las amenazas y agresiones –por decir lo menos– que vive el periodismo en Tamaulipas o Veracruz, sino una violencia interna, intramuros, que describe las relaciones del poder, la cobardía y el negocio de los directivos y dueños de los medios, así como los ataques que se dan desde el anonimato de las cumbres. Esas cumbres siempre intocables.

"Ni los medios de comunicación, mucho menos los periodistas o los académicos, se dan a la tarea de sistematizar a profundidad la censura, el hostigamiento o la agresión e inhibición de las libertades sobre el derecho a la información y expresión, excepto los informes anuales del Centro de Justicia para la Paz y el Desarrollo A.C. o del Quid Medios del ITESO, que ofrecen análisis sobre casos y circunstancias muy particulares", señala Ramírez.

En 2014, continúa en su informe-balance, se dieron intimidaciones de policías de Guadalajara contra manifestantes del movimiento Yosoy132, quienes protestaban respecto a la ley Telecom, pero también por despidos de dos presentadores de Noticias MVS Jalisco: Cecilia Márquez, también presentadora del Sistema Jalisciense de Radio y Televisión, y Alberto Osorio Méndez, quien la sustituyó y se desempeñaba como reportero del semanario *Proceso*.

Ambos fueron retirados por "órdenes de la directiva", como si se tratara de un partido de futbol en el que no iban a alinear. Las razones, advierte Jade, no se esclarecieron, lo que dio pie a la especulación sobre inconformidades en cuanto al manejo de la información y los desacuerdos sobre salarios, y "condicionamiento del entonces encargado de gabinete del gobernador de Jalisco, Aristóteles Sandoval Díaz, Alberto Lamas, con el despido de Osorio Méndez por la publicación de investigaciones periodísticas en *Proceso*.

"Lamas era el encargado de autorizar y negociar las pautas publicitarias en medios de comunicación y, obviamente, Noticias MVS irrumpió en la escena informativa de Guadalajara con interés en obtener una de las pautas que el Gobierno del Estado otorga a medios de comunicación bajo total discrecionalidad y falta de transparencia hasta el momento."

Des-cobertura electoral y narcotráfico

En la antesala de los comicios de 2014, unos sesenta periodistas –incluidos directivos de segundo nivel de algunos medios informativos– firmaron un pronunciamiento para denunciar presiones y censura a voces críticas, de parte de instancias gubernamentales.

"Más allá del evidente deterioro laboral que los periodistas de Jalisco compartimos con compañeros de la República, nos preocupa especialmente el peso e injerencia de los grupos políticos que controlan poderes y entidades públicas (Ejecutivo, ayuntamientos, universidades, etcétera) en distintos medios de información en el estado. La influencia del poder político, especialmente de quienes manejan los presupuestos en comunicación, se ha traducido en ceses y despidos fulminantes, cerrando espacios para periodistas que divulgan información o comentarios que incomodan al gobierno en turno."

Los firmantes advirtieron que se mantendrían alejados de intereses económicos y políticos en el reparto de poder, mediante las elecciones. Pero las presiones no se dieron en la cobertura noticiosa del área metropolitana de Guadalajara, sino en otras regiones de Jalisco, y tuvieron que ver con la guerra sucia entre políticos, coludidos con el crimen organizado, cooptación de medios y compra de votos.

La cobertura fue, por todo esto, deficiente. Los reporteros no acudieron a las campañas por temor a represalias, se quitaron el uniforme y evitaron traer cámaras y equipo consigo, para que no los identificaran y escapar de las represalias; la cobertura se realizó a través de otros medios, como internet y las llamadas telefónicas. Y el perdedor fue el votante, a quien no se le informó cabalmente sobre lo que pasaba en las calles y lo que hacían partidos y candidatos.

"Periodistas del sur de Jalisco narraron en entrevista para elaborar este artículo que se cuestionaron 'cubrir o no a los candidatos después del operativo del 1º de mayo' tras el enfrentamiento entre el Cártel Jalisco Nueva Generación y fuerzas federales en la Operación Jalisco. Por lo que se optó por 'no seguir a los políticos, sino pedirles información vía electrónica'."

En las cabeceras municipales —escribió Ramírez— "ganó el que logró mover más dinero, más gente, ninguno respetó el tope de campaña", confirma la periodista Aggi Cabrera, quien con sus compañeros asumió un protocolo para cubrir ciertas actividades electorales, en específico, las de Salvador Álvarez García, presidente interino de Autlán de Navarro y candidato por Movimiento Ciudadano a una diputación local, debido a las amenazas y advertencias que dirigió contra la reportera de Letra Fría.

A ella la señaló como causante de su derrota por las notas que publicó de los pendientes, contratos y servicios municipales deficientes mientras fue alcalde, así como las relaciones de poder que sostenía. La denuncia quedó debidamente ingresada ante la Procuraduría General de la República (PGR) y la Comisión Nacional de Derechos Humanos (CNDH) sin que algo sucediera.

Quien perdió en la que llaman los ilusos "la fiesta de la democracia" fue el electorado: se dejó de cubrir mítines de noche, no se profundizó en los temas importantes de las campañas y no todas las denuncias que las redacciones recibían fueron atendidas por temor.

Consultados, los reporteros de Autlán que salen a La Huerta, El Grullo, Tomatlán, Casimiro Castillo, Villa Purificación y toda la sierra de Manantlán, decidieron no trabajar con uniforme, no portar chalecos de prensa ni acreditaciones visibles, incluso guardar cámaras y grabadoras de audio para evitar que los identificaran como periodistas y no ponerse en riesgo ante los equipos de campaña y los operadores del cártel que coordinaron el acarreo y el halconeo de casillas.

En aquella zona, al igual que otras regiones del país, "la nota se paga a treinta y cinco pesos y a los reporteros de ningún medio se les giró viáticos o medio de transporte para la cobertura electoral, lo que indica una necesaria cercanía a los partidos políticos para los traslados, y aceptar apoyos no oficiales de autoridades".

En el municipio de Lagos de Moreno, afectado también por criminales y narcopolíticos, las rencillas entre los partidos Revolucionario Institucional (PRI) y Acción Nacional (PAN) por la alcaldía y el control de las delegaciones en Los Altos de Jalisco, "derivó en ataques virtuales a Dalia Souza, jefa de información del noticiero radial *Señal Informativa* de la emisora universitaria".

Por medio de cuentas oficiales en Facebook y Twitter, "la amedrentaron con mensajes como 'la chaparrita corajuda' o 'esa Dalia tan amargada, necesita un palito que la consuele', tras el comentario y la difusión de información relativa a los candidatos. Una práctica tan común y aceptada por los usuarios de las redes, que plasma la normalización de la violencia de género en el estado."

Además, la reportera recibió una llamada de hostigamiento de Hugo René Ruiz Esparza, padre del ex alcalde de Lagos de Moreno y entonces candidato a diputado local por la coalición PRI-Partido Verde, porque la comunicadora publicó información sobre los pendientes que dejó el abanderado cuando fue alcalde.

"Para ella significó un hostigamiento por el nivel de influencia política que tiene la familia del hoy diputado local. En una ciudad tan pequeña y conservadora como Lagos de Moreno, la presión se enfrenta en soledad y con poca solidaridad del gremio."

Recuento de agravios

La mañana del 17 de abril de 2013 fue atacado con explosivos el periódico *Mural*, que forma parte del Grupo Reforma. Fueron arrojados dos artefactos explosivos alrededor de las 3:20 horas, que provocaron daños materiales.

La Comisaría de Seguridad Pública del Estado confirmó que una de las explosiones fue ocasionada por una granada de fragmentación, mientras que el segundo artefacto fue un dispositivo de fabricación casera.

Una explosión se registró a un costado de la puerta principal, ubicada en la avenida Mariano Otero, y la otra cerca del ingreso al estacionamiento de empleados, ubicado por la avenida López Mateos. El periódico no había sufrido ningún ataque en catorce años de existencia.

Semanas antes, uno de los editores del diario *Metro*, que depende de *Mural*, comentó con los directivos que tenía información de que la célula del Cártel Jalisco Nueva Generación, que en diciembre de 2012 secuestró y asesinó a la modelo venezolana Daysi Ferrer Arenas, era la misma que mató al secretario de Turismo, Jesús Gallegos Álvarez, el 9 de marzo de 2013. Además les comentó que sabía que esa célula controlaba el mercado negro en la zona de San Juan de Dios, en el centro de la ciudad.

Los directivos le dijeron que debía publicar la información y lo hicieron, después él recibió amenazas y lo comentó con sus jefes, quienes le dijeron que no pasaría nada; el editor se quedó intranquilo y acudió a una organización que evaluó el riesgo. Fue entonces cuando le recomendaron irse de la ciudad porque no habíaa condiciones para su seguridad. Así lo hizo y días después ocurrió lo de la granada.

Varios integrantes de esa célula fueron detenidos, incluido el cabecilla, Daniel Quintero, conocido como El Dany, uno de los 122 objetivos prioritarios del Gobierno Federal; esta detención la realizó la Policía Federal en octubre de 2015, cuando se paseaba en un yate cerca de Isla Mujeres, en Quintana Roo.

Protestas y respuestas

Fotoperiodistas de Guadalajara realizaron una protesta –simultánea en otras regiones del país–, por el asesinato del periodista Rubén Fonseca, en la Ciudad de México, donde se exilió luego de las amenazas del gobierno de Javier Duarte, de Veracruz. Los inconformes no se quedaron ahí y anunciaron la conformación de un colectivo llamado Fotoperiodistas de Guadalajara, que se pronunció en las redes sociales contra asesinatos, desapariciones y agresiones contra reporteros.

Se refirieron también a las condiciones de trabajo, la desigualdad salarial en las redacciones y propusieron un "acercamiento" con el gobierno estatal para organizar cursos de capacitación y "apoyos".

"Por las experiencias documentadas en estados como Guerrero, Veracruz, Oaxaca, Baja California, Chiapas o San Luis Potosí, la reacción de los periodistas se vuelve un delicado filo en la navaja porque se abren oportunismos políticos de los legisladores y el gobierno del estado para proteger y promover derechos mediante recursos públicos con fondos o prestaciones económicas que terminan siendo un censor."

La cooptación de los comunicadores –agrega Ramírez, quien por cierto también ha sufrido amenazas y actos represivos formalmente denunciados y documentados por organismos defensores de los periodistas, como Artículo 19– se vuelve más fácil: "A cambio de ayudas se imponen condiciones para inhibir la crítica hacia las instancias gubernamentales; te doy beca para tus hijos, servicio médico y un fondo de apoyo, pero…"

En el área de monitoreo de medios de la Fiscalía General del Estado de Jalisco, se ordenó no perder de vista las publicaciones del periodista y académico Darwin Franco quien, tras obtener respuestas a sus solicitudes de información, en 2015 documentó los casos de personas desaparecidas en la entidad, cuya fiscalía evade la severa crisis que se tiene al mantener en rezago la atención a las denuncias de los familiares de desaparecidos.

"Lo que podría parecer un mero interés de monitoreo para la carpeta informativa de la dependencia, resulta un acto de hostigamiento y vigilancia dirigida exprofeso para un periodista que, con base en números obtenidos por transparencia y documentación de historias, ha revelado que la crisis humanitaria por las desapariciones en el estado está fuera de control y la FGE no atiende cabalmente su mandato."

El diario *NTR* apareció en la escena de Guadalajara en 2015, pero en noviembre de ese año, José René de Dios publicó en su columna "Aparador" un texto con el título "La censura en Jalisco", para explicar que el naciente medio sufría agresiones por parte del gobierno.

"*NTR* fue censurado. Con todas las letras. Desde el gobierno estatal se fraguó que dos radiodifusoras quitaran la apenas iniciada campaña publicitaria. Se abusó del poder para impedir que la empresa pueda abrirse camino. Ante el cierre de esos espacios, la decisión es continuar con tesón el derecho a darse a conocer y hacer llegar la información crítica, veraz, oportuna, de interés para los jaliscienses, construida todos los días. La convicción es #NoNosCallarán."

El texto provocó que medios de la región y nacionales entrevistaran al director general, Guillermo Ortega –ex conductor de noticieros de Televisa–, "quien explicó que al retomar portadas para la campaña radial de promoción, eran reiterados los mensajes críticos contra el gobierno del estado, lo que provocó la presión a las radiodifusoras con quienes se pactó intercambios comerciales."

Alternancia política y freno

En junio de 2015, el partido Movimiento Ciudadano ganó los comicios y arribó a la presidencia municipal de Guadalajara su líder, Enrique Alfaro. Carismático y seductor, irrumpió no sólo en el escenario político de Jalisco, sino a nivel nacional.

"A los pocos meses, Héctor Padilla, director de Medios en el área de Comunicación Social, transmitió su inconformidad al periódico *El Informador*, por la publicación de notas relativas al aumento de salarios en la nómina del nuevo gabinete. El periódico, tras esa queja, determinó mover de fuente al reportero, Omar García, que por varios años cubrió las noticias del ayuntamiento. Lo que resulta una decisión aparentemente interna brinca al escenario del interés público, porque da lo mismo si el partido político en turno es de una tendencia diferente a las que por años han gobernado la ciudad, al final de cuentas es poca la diferencia; el método de presión y queja con editores y directivos puede más que el conocimiento del reportero, la experticia adquirida y el valor de la verdad reveladora sobre corrupción o mal manejo gubernamental."

Esperanzas que nacen sólidas, atisbando el horizonte. Pero, como dijo Marx: todo lo sólido se desvanece en el aire.

La tristeza de no hacer periodismo

Ale Mars está triste. Cabe bien en esa silla del restaurante Boca 21, de ensaladas y baguetes, porque permanece arrinconada. Parece vencida, pero no. Sus pestañas tienen alas y su ojo extraviado sigue moviéndose, negándose al abismo, a la derrota, al fin de ese periodismo idílico que ella y muchos soñaron cuando estaban en la facultad, en el Centro Universitario de la Ciénega, llamado cariñosamente como Cuci o Cuciénega, de la Universidad de Guadalajara.

Se hundió ahí, en ese rinconcito. Si esa voz tuviera color le tocaría el gris. Un domingo grisáceo, en la vida de Alejandra Cervera. Ale, para los amigos. Mars, por marte: marciana, anticlimática, extraña y con un aura espesa y, al mismo tiempo, diáfana. Será la güeva de un domingo en esta zona turística, de pocas artesanías y muchos restaurantes, de Chapultepec. Chapu, le dicen. Serán esos camellones anchos, los de las bicicletas y patinetas, los *hipsters* tempraneros, el incipiente calor de treinta y tantos grados en Guadalajara. Será ella que se acaba de levantar. Será la vida golpeada, los fracasos, las luchas perdidas, que no se pueden perder, como las causas, la dignidad, las banderas —aunque rotas o deshilachadas—, los sueños y ese periodismo, ese golpe de tecla, esos chingadazos a la hora del clic, de los bombazos, los bloqueos del narco, las masacres, los destrozos provocados por el huracán Patricia en 2015, los flacos vientos categoría cinco en la escala Saffir Simpson o la fuerte y copiosa lluvia en sus adentros, en esos ojos que parecen anunciar precipitaciones, pero sólo se quedan húmedos y con destellos de luz.

Será eso y todo, pero Ale Mars tiene la voz flácida y la esperanza postergada. Dice que no, pero sus alas lucen heridas. Tiene 24 años y tres de periodista. Nació ahí, en Ocotlán, donde estudió y trabajó acaso un año, en uno de los dos medios de comunicación que existen, pero no de reportera ni fotógrafa, sino de programadora: encerrada en una oficina, en espacios pequeños, entre cabinas y micrófonos, textos y papeles de otros. No había más, sólo eso. Hasta que se le cuarteó el corazón y decidió irse a Guadalajara, donde hay –o había, quizá ahora pueda decirlo– medios buenos, alternativos, chidos, críticos; donde encontraría calle y flachazos, y relámpagos nutriendo su lente, y una corredera, y latidos, y brincos en el pericardio. Y se sentía otra vez viva, útil, productiva, creativa, y sus alas encendidas, extendidas, repletas y completas.

Estudió periodismo, salió con promedio de 88, le gustaban las clases de géneros periodísticos –en la que se incluye crónica– y fotografía. Aunque la clase de foto –lamenta– estaba "muy culera", ella tenía que estudiarla porque era parte de la carrera y porque hacer foto es uno de sus mayores placeres. Tenía prisa por salir, vivir y lamer la calle, contar las historias de la gente, atrapar las manecillas del tiempo a través de la cámara y congelar los surcos de la piel, la porosidad del sin mañana, el amanecer renacido de la esperanza, el dolor, la tristeza, la alegría y ese gesto cotidiano, babeante, de hacer lo que te dé placer: el periodismo. Pensó todo y en todo, cuando estaba en las aulas del Cuci, frente al maestro y el pizarrón, rodeada de alumnos, con las lecturas y los libros y los textos elaborados en cada tarea. Comerse el mundo de un bocado. Pero no. El mundo en la capital tapatía, los medios, la rutina, la borrasca de las notas de los políticos y sus conferencias de prensa, esos actos mohosos de los funcionarios públicos y los organismos empresariales. Eso terminó con el intento de devorarla, a ella, a Ale Mars, con su *percing* bajo el labio superior, y su cabello amazónico y negro, y su mirada apacible, de selva triste. Eso y los salarios, las notas aburridas, las fotos de siempre. Eso y ese periodismo desalmado, sin latidos ni brincoteo estentóreo. Eso. Ese periodismo hizo que subiera a las nubes y la aterrizaran de un manotazo, en poco, poquísimo tiempo.

¿Qué pensabas del periodismo cuando estabas en la carrera?
Creo que todos queríamos comernos el mundo: yo quería escribir un chingo y hacer foto y todo. Pero no, la realidad es muy diferente. Aparte, en Ocotlán es más triste que aquí. Allá no hay nada, no hay ningún medio ni manera de hacer algo. Apenas dos que quieren despegar, después de tantos años que requiere la carrera de periodismo. Debes cambiar de ciudad para hacer lo que quieres, además de que no hay las formas ni los medios.

Pide un capuchino. No es como en los comerciales, que le dejan la espuma en los labios. Ella lo toma con parsimonia, tal como habla ese mediodía de domingo. Pareciera que la taza está vacía. Ligera.

¿Por qué estudiaste periodismo?
Yo quería estudiar foto para hacer documentales, pero los medios económicos y tener que irme a otra ciudad, yo tan chiquita de edad no era bien visto por mis papás, entonces supe que en Periodismo había esa materia y podía escribir. Era como las dos cosas juntas; me convenció, me metí y me enamoré.

Ametralla cuando habla de su autor favorito: Jorge Ibargüengoitia; siente cómo le florece el vientre, dentro de su tumba, y cómo nacen jardines en sus brazos, manos, dedos y pecho. Parece conocer toda su obra. Lo dice con orgullo. Su voz suena a resorte y golpe de martillo. Y luego revira, para aclarar que también le gustan los libros escritos por periodistas que abordan la crónica, su género favorito. Alejandro Almazán es uno de sus predilectos. Y unos pocos más.

Supongo que los sueños se vinieron abajo, te aterrizaron.
Pues fue más bien que aterricé un poco. No se vinieron abajo porque tengo la convicción firme de qué quiero hacer. Las formas cambian, para mí el fin es lo mismo. Aparte, los medios aquí han estado muy accidentados; haber pasado por cuatro en tan poquito tiempo te dice en qué grado de dificultad está la prensa en el país. Y yo me vine pensando que había medios poca madre, que iba a hacer foto, desarrollarme y aprender. Y está cabrón, se hace, pero con pocos recursos, con lo que tú tienes.

Ale recordó que cuando terminó sus estudios entró a trabajar a Radiorama, en Ocotlán, pero sus labores no se ligaban con la información, así que intentó meterse en la locución. Grababa. Programaba contenidos, todo lo que salía al aire. "Cuando no había noticiarios, grababa las breves y salía al aire. Me aventé un año ahí. Era un trabajo cómodo pero me enfadé, no tenía mucha chamba y estaba muy apagado. Se me estaba yendo mucha chansa y me vine para acá, a Guadalajara. Me traje una mochila."

Durmió en el sillón de la sala, en el departamento de su amigo Joaquín, con quien también compartió estudios profesionales. Un depa ubicado a unas tres cuadras de Chapultepec: refugio, nido y guarida. Por lo que cuenta, muchos han sido asilados de Joaquín, quien ahora debe irse porque no puede llegar tarde a su trabajo.

"Antes busqué trabajo, desde allá, por teléfono. Me vine con una mochila al sillón de Joaquín. Busqué en *Mural* (periódico del grupo Reforma), me llamaron para entrevistas y me hicieron pruebas. Un jueves me hablaron de *La Jornada* Jalisco y el viernes me llamaron de nuevo para decirme 'ya vente a chambear'. Estando ahí, a los pocos meses hubo un megarrecorte en *Mural*, y me llamaron, que había una vacante, pero que el sueldo no era lo prometido, se redujo casi a la mitad. Lo rechacé. Fue en 2014... era muy poco, no me alcanzaba, me quedé en *La Jornada* y después pasó eso, lo del cierre. Me quedé en *La Jornada* hasta que tronó el 15 de diciembre de 2015."

¿Cubriste historias?
No, no había manera. Yo estaba en edición digital y al mismo tiempo hacía fotos para el mismo medio. Cuando entró una señora a dirigir la web y quedó como jefa de información, me metió a hacer fotorreportajes, más allá de las ruedas de prensa. Entonces me pidió que entrevistara, que hiciera video también. Se puede decir que la intención era como contar una historia, pero todo muy flojo, no había espacio y todo quedaba en las redes. Nunca salía impreso nada. No daba el espacio, ella tenía

ganas de hacerlo y yo también tenía ganas, pero se quedaba en eso. El medio no daba chance.

¿Eso te frustró?
Un poco.

A Ale se le caen los párpados. A dónde se fue esa mirada de equipatas, uno se pregunta. A Marte, al cielo, a la nada. Sus pestañas dejan de aletear y voltea hacia la calle. Recordó que estuvo en el Canal 8 de televisión, donde trabajó alrededor de un mes. Era fin de año, así que sabía que nadie le daría chamba. A la televisora ingresó a mediados de enero de 2015. Era 15 de diciembre cuando le hablaron para saber si le interesaba esa oportunidad. Recibió otras llamadas, porque ella había metido solicitud de empleo aquí y allá, desesperada, como loca.

"Ahí me quedé, en Canal 8, haciendo escaletas y redactaba en el noticiario de la noche. Pero los salarios eran muy bajos. No me alcanzaba para vivir sola. Eran cinco mil pesos mensuales. Era muy culero eso."

¿Estás decepcionada del periodismo?
Del periodismo no, en el periodismo sigo buscando. Creo que por eso sigo, a pesar de las dificultades que hay. Sigo en esto, pero los medios están culeros, tanto económicamente como en el manejo de la información. No hay varo, no pagan bien. Son jornadas largas, con salarios pobres, malpasadas, con pocas prestaciones o sin prestaciones, y en información, por la prisa de que son diarios, hay poco espacio para las historias. A veces son oficialistas.

Eso mata tus sueños o los deja heridos, supongo.
No. Pero sí los pone en pausa, te cambia los planes…
creo. A mí me pasa eso. Yo quiero seguir en esto. Pero sí
han cambiado mis planes, la verdad.

¿Cuál es tu diagnóstico de los medios locales?
Ale baja las alas instaladas en sus pestañas. Y es como si
se apagara la luz. Entonces responde, así, casi a oscuras.
      "En lo laboral está feo, después de lo que me pasó.
Cuatro empleos en apenas tres años. Hay gente a la que
seguro le va bien. Este medio de *NTR*, que recién abrió,
creo que está bien, no pagan tan mal, aparte quien está
a cargo de la información, no sé qué puesto tiene, si es
jefe de información o de redacción, él nos dio clases de
redacción de géneros y le da espacio a esto. Es un medio
que va empezando y lo está haciendo bien, como para ir
más allá de una nota diaria. Tienen un chingo de espacio
para publicar sus notas, está chido. En los demás no pasa
esto."

*¿Los medios de aquí están muy metidos en el oficialismo y
se han olvidado de las personas?*
Se cubre una agenda pública que todos los medios tienen. Pero sí hay poco y pocos recursos, ¿cómo haces para
escribir una historia de largo aliento? ¿Dónde la publicas
y cuándo la vas a hacer? ¿Va a seguir vigente cuando la
publiques? Son muchos factores en contra.

¿Y la censura?
En mi paso por *La Jornada*, a nadie se le prohibía expre-
samente hacer algo. Todos hacían su chamba. Yo tuve

liberad, pero en las elecciones sí vi cosas medio turbias: se cambiaban las notas o mandaban la que traían de portada otros medios a la esquinita de la sección local, en las elecciones de 2015. Tal vez no te callaban, pero se podía manipular, ni siquiera era chamba de los editores, ellos son personas comprometidas, pero todo venía desde un par de manos. Y bueno, se vio cómo, al final, muchos aplaudieron que alguien así no estuviera alineado, pero también se olvidaron de que nos quedamos sin trabajo treinta personas. Estuvo muy culero eso. Yo trabajaba muy a gusto y nunca me censuraron, pero sufrí las consecuencias de traer el uniforme de un medio que no era bien visto en la ciudad.

Mars está ahora en una revista de comunidades indígenas del país, se llama *Doña Ofe*. No es información noticiosa, "pero es donde caí y es lo que salió, tristemente". Ahí diagrama, redacta, toma fotos, edita textos y hace casi de todo. No le pagan mucho, pero es más del salario que pagan muchos de los medios en la capital jalisciense.

Yo veo a una Ale triste, ahora. ¿Por qué?
Sí. Porque quisiera hacer lo que me gusta. No me desagrada del todo esa revista, porque sé que tiene impacto, la leen muchas personas y es lo único que pueden leer, con los recursos que tienen. Pero no es lo que quisiera hacer, no me llena del todo. Me hace falta escribir, andar en la calle… extrañas hasta los bomberazos, la nota que sale al chingadazo, de alarma.

Es como si no tuvieras alma, si no haces periodismo.
Extraño las putizas que nos poníamos cuando los bloqueos, cuando el huracán Patricia, en octubre de 2015. Era una chinga, pero se sentía bien. No estoy echa para estar en una oficina...

¿Qué te gustaría hacer ahorita?
Andar en la calle.

Y entonces Ale sonríe. Y vuelven los aleteos a sus pestañas, aunque su ojo sigue ido, ausente, de viaje. Extraviado en la nada. Esa terca nostalgia.

Reportear el poder

Alejandro Almazán

Hace pocos días, mientras nos empujábamos unos tacos en el Salón Corona, un colega que cubre a Peña Nieto nos contó a varios amigos historias reporteriles de pena ajena:

1) Los reporteros aplauden siempre que Peña lee alguno de sus discursos. 2) Peña suele lanzarle indirectas a una colega que no lo adula y el resto de reporteros, sobre todo dos, la bulean, le dicen que es una amargada, que no sabe nada de periodismo, que el señor presidente es lo mejor que pudo haberle pasado a este país. 3) Hay un cronista que muestra sus textos a Peña antes de que se publiquen. 4) Una reportera radiofónica pide al Estado Mayor Presidencial que le presten un salón para festejar su cumpleaños y el señor presidente le envía el alcohol para que celebre como el chayote manda. 5) La sofisticación del embute incluye otorgar contratos de publicidad a portales que ni los propietarios le dan *like* o regalar Hummers que, luego, esos periodistas presumen en Facebook. 6)…

Miguel Ángel Mancera es un caso parecido. Incapaz de tener una personalidad de embrujo, su vocero opera con la cartera en la mano. Recuerdo cuando tres fotoperiodistas interrumpieron un discurso de Mancera para recordarle la impunidad que aún persiste en los homicidios del fotógrafo Rubén Espinosa, de la activista Nadia Vera, de la maquillista Yesenia Quiroz, de la empleada doméstica Alejandra Negrete y de Mile Virginia Martín, la mujer que medios cercanos al gobierno del D.F. le colgaron todos los sambenitos posibles, sólo por ser colombiana. ¿Qué hizo el vocero de Mancera? Echó a andar el chantaje de la publicidad para que no se hablara del reclamo de justicia.

En los estados, los gobernadores no discuten con los reporteros (la mayoría de ellos, dicho sea de paso, son aguerridos). La estrategia de estos políticos, como la de Peña o la de Mancera, es la de seducir a los dueños o a los propios periodistas, haciéndoles creer que con ellos comparten el poder. Conozco a colegas en el D.F. que alardean de la cercanía con equis o ye funcionario; se emocionan como niños en una heladería cuando me cuentan que los consultan, que les llaman por teléfono. Están más preocupados en conseguir los privilegios del poder que en informar.

Sitio: Periodistas en línea
2 de febrero de 2016

Cobrar por muerto

Ernesto Martínez Cervantes es reportero de la fuente policiaca del diario *Noroeste*, en Culiacán, capital de Sinaloa. En ese diario, empezó de madrugada como intercalador. Después pasó a fotomecánica y luego a fotógrafo; a esas horas, él estaba dispuesto a salir a la calle a tomar fotos de accidentes, operativos del gobierno y asesinatos. Así se hizo reportero de nota roja. Ahora le pagan por muerto y no es sicario al servicio del narcotráfico.

A Ernesto se le conoce más por su sobrenombre: Pepis. Quizá por alto y flaco, lo que hizo a sus conocidos bautizarlo como Pepino, alias que ahora se convirtió sólo en un apócope. Es moreno, tiene el pelo ondulado y con sus ojos rasgados podría pasar por vietnamita.

Con esa mirada de águila, de ave diurna, acostumbra a atisbar en los intersticios oscuros, a hurgar en las sombras para ver qué hay debajo, detrás o del otro lado de muros y paredes, alcantarillas del drenaje sanitario, y techos y suelos de las escenas del crimen en que se ha convertido toda la ciudad y buena parte del país.

El Pepis, que encontró en el periodismo su pasión, su razón de vivir, el tuétano de su vida, ya no se conforma con apuntar con su cámara, enfocar y clic, tomar la foto. También recolecta datos y escribe. Son notas diarias del quehacer de contar desde la perspectiva elemental y primaria, la sangre, los decesos, las balas y los casquillos, la avenida, la hora, las placas de los auto-móviles y el calibre de esos hocicos que escupen fuego y plomo. Sus notas no dicen *hola* ni *buen día*. Tampoco si está nublado o habrá lluvia. Sus notas bajan al drenaje profundo culichi, que está en el mismo suelo, en el pa-vimento o el terregal o la polvareda y el monte desha-bitado: en la muerte nuestra de cada día. Hoy también hubo muertos, alguien perdió la vida o le fue arrebatada, alguien más jaló el gatillo y pum, pum, pum. Y la gente que escuchó las detonaciones se agachó, volvió a espan-tarse o corrió en busca de refugio. Otro u otros cayeron para no levantarse más. Otro u otros huyeron sin ser detenidos, como suele pasar en una ciudad, un estado, un país donde reina la impunidad. Pero Ernesto está ahí para el trabajo cavernario de mirar la sangre como en un espejo y reconocerse y reconocernos. Es el muerto, nuestro muerto, la ciudad y sus habitantes –esos huma-nos del mundo y el submundo– que siguen ahí, como el dinosaurio de Monterroso.

Y a él le pagan por eso. Por el dedo en el clic del disparador de su Cannon 50D. La gráfica de las manos inermes. Los ojos entrecerrados y la mirada fría, en el extravío. El pie descalzo. Los orificios ya secos. El charco rojo que dejó de crecer bajo el cadáver. Los casquillos glaciares y la piel amoratada. Pero también le pagan por muerto. Y no, no es sicario.

Una vida trepidante

El Pepis vivía antes en la punta de un cerro, en el sur de la ciudad. Ahora tiene su casa en el fraccionamiento Villa Bonita, pero más al sur. Tiene brazos largos y venosos, prietos como esa noche con la que convive diariamente, y dedos de muñeco de alambre, igual que de pianista. Torpe para la música pero ágil y certero para la acción, para llegar hasta los cadáveres, perseguir o ser perseguido por patrullas, olisquear la muerte muy de cerca.

Tiene 39 años, de los cuales diecisiete ha estado en el periódico *Noroeste*. Antes fue de todo y algunos de sus empleos tuvieron mucho que ver con lo que ahora hace, con el peligro, y esas fuertes sensaciones que lo hacen arrojarse al humo, correr hacia el fuego, moverse con o sin chaleco antibalas y esquivar el peligro.

Desde niño trabaja y de joven, con más razón, pues formó parte de una familia que padeció la pobreza; vendió tortas de jamón y pierna, fue ayudante de albañil y albañil graduado en la pega de ladrillos, vendió calzado femenino y también especias, mecánico de motocicletas, taquero, ayudante de cocina en una cadena de restaurantes, instalador de ductos de respiración en el basurero municipal, ayudante de chofer de pipas en el Ayuntamiento de Culiacán, cobrador, bombero y soldado del Ejército Mexicano.

"Son un chingo de jales. Hubo periodos en que trabajé en tres partes al mismo tiempo. Todo lo que fuera necesario para sacar un peso y que mi familia tuviera lo necesario para sobrevivir. Pero yo siempre he trabajado bien, con la frente en alto, limpiamente", afirmó.

Y cuando lo hizo abrió más la boca y los ojos rasgados parecieron crecer arriba y abajo. "Con dignidad", repite. "Con la vida limpia, decentemente. Así han sido mis trabajos."

Cuando ingresó a *Noroeste* como intercalador, tenía que llegar a medianoche y de madrugada a su trabajo, ubicado en calle Ángel Flores, esquina con Ramón Corona, en el centro de la ciudad. Él entraba por la Corona, que es el acceso de los empleados y más a esas horas de la noche. Cuenta Pepis que en su trayecto, en motocicleta o de aventón, se topaba con accidentes automovilísticos, patrullas o ambulancias de la Cruz Roja en medio de la jauría citadina y las luces rojas y azules, los estrobos. Veía personas lesionadas, tiradas en el suelo, el llanto de los pasajeros que imploraban ayuda, los conocidos que lloraban por los que estaban atrapados entre los fierros: olores a gasolina y fuego, a sangre a borbotones, a miedo y espanto y pavor, a gritos queriendo espantar la guadaña de la flaca, a ruegos por la vida y por ayuda.

Pepis llegaba al periódico y avisaba. Cuando podía lo hacía por teléfono celular o radio. Había un hecho violento, incendio o accidente, y los reporteros debían estar ahí. Él no era reportero, pero le emocionaba contribuir en la cobertura, por eso informaba sobre las novedades con que se topaba en la calle, antes de empezar su jornada o después, cuando salía de madrugada.

Lo hizo muchas veces. Le tocaron vehículos volcados, personas extraviadas y deambulando, mientras la sangre invadía su cabeza, pecho o rostro, gente tirada y manoteando, cadáveres que nadie quiere ver, policías negligentes y cómplices, socorristas llorosos porque nada pudieron hacer, bomberos con el rostro envejecido, con la frustración de quien no pudo salvar, a pesar de escuchar imploraciones, agentes funerarios sorprendidos por la muerte de un conocido o coludidos con los matones, enterados de una nueva ejecución primero que la policía.

Por eso, por sus testimonios, en ocasiones desesperados y otras acongojado y rabioso, se le ocurrió pedir una cámara fotográfica. Una desechable, usada y barata, pero que sirviera a la hora de enfocar y disparar. No quería marcas grandes ni modernos aparatos, sólo una camarita para cazar la muerte, las miradas entrecerradas y perdidas, el ulular, los operativos, los charcos y no de lluvia, los baches de la ausencia de vida en el asfalto citadino. No más.

Y se la dieron. Y así empezó todo esto.

Cobrar por muerto

Sinaloa suma cerca de siete mil muertos en cinco años y casi cuatro meses, de lo que va de la administración estatal, encabezada por Mario López Valdez, Malova –como la cadena de ferreterías de la que el mandatario es dueño desde hace años–, más que los cerca de seis mil seiscientos que sumó en los seis años de gobierno en el sexenio anterior Jesús Aguilar Padilla.

Malova prometió disminuir la violencia, especialmente los delitos de alto impacto, entre ellos, los homicidios. No lo cumplió, igual que el cambio que ofreció cuando era candidato por la alianza opositora, integrada por los partidos Acción Nacional (PAN), de la Revolución

Democrática (PRD), el Partido del Trabajo (PT) y Movimiento Ciudadano (antes Convergencia).

Era la oposición al tricolor, el Revolucionario Institucional (PRI), del que López Valdez fue senador y en el que había militado durante años. Ofreció un gobierno de cambio, ése fue su eslogan y principal discurso: la reversa también es cambio. Eso no lo dijo. Y su administración se desnudó como una de las más corruptas en la historia de la entidad, coludida con la organización criminal que dirigen Ismael Zambada García, El Mayo, y Joaquín Guzmán Loera, El Chapo –hoy preso y en vías de extradición a Estados Unidos–, el Cártel de Sinaloa.

Alrededor de siete mil y contando. En los cerca de ocho meses que faltan, la cifra, sin duda y lamentablemente, aumentará, igual que la pobreza, el desempleo, la falta de oportunidades, la deserción escolar y la desesperanza. El gobierno de Malova fue, por esto y otras razones, muy parecido a los emanados del priísmo más tradicional, que incluyen, además de actos de corrupta voracidad, la represión ante el disenso, el cuestionamiento, la crítica y la protesta social.

En este contexto realizan su labor los periodistas sinaloenses. En medio de una organización criminal líder en el país, y a nivel internacional, y bajo el yugo de un gobierno coludido con los criminales, represivo y ave de rapiña a la hora de hacer negocios con los recursos públicos.

Y es aquí, parado en la jornada de cualquier noche, de cualquier día, donde está Ernesto Martínez Cervantes, el Pepis, con su cuello largo y su piel morena, el pelo ondulado y ese andar de compás abierto y seguro, con su

Cannon colgando del hombro o empuñada, cuando está cerca de realizar alguna cobertura, o para lo que se ofrezca.

Su salario es de alrededor de 9 mil 600 pesos al mes. Sus jornadas son de veinticuatro horas de trabajo y veinticuatro de descanso, pero los fines de semana sube a cuarenta y ocho horas de trabajo y otro tanto de descanso. Los pagos adicionales, macabros y penosos, son por muerto: Pepis recibe además de su salario 150 pesos por muerto, ya sea por accidente o asesinato violento. No incluye suicidios, sucesos que, además, este diario no difunde.

Ernesto se pregunta qué es él: un mercenario de la nota roja, un cómplice de la guadaña con pico de cañón de fusil automático, un gatillero del periodismo, un zopilote de la fotografía y la sangre, un buitre del clic de su Cannon, un sepulturero de la información, un panteonero de todo tipo de decesos, un cobrador al servicio de la flaca, un babeante reportero de la maldad, un contador banal de almas en pena, un...

A Ernesto le duele. Y mucho. Le apena y le entristece depender del número de muertos de cada jornada: que la noche valga la pena, que el desvelo se justifique, que alcance la cuota de asesinatos y atropellados para que caiga algo de dinero a esos desvencijados bolsillos y un poco más para la sopa y las tortillas, el huevo, el queso fresco, el pollo, la escuela, el transporte público y, con suerte, una salida al cine, a las nieves, al café o los refrescos en alguna plaza comercial.

"Yo a *Noroeste* lo tenía como un periódico muy serio, muy responsable, comprometido con la ciudadanía, no con el sistema o la derecha. Pero cambió y cambiaron muchas cosas en *Noroeste*, y una de ellas es ésta: la insensibilidad", manifestó Martínez Cervantes.

En alrededor de los diez años recientes –agregó–, se dieron una serie de actitudes irresponsables de parte de los directivos del rotativo, a los que se agrega la falta de dinero, pues el gobierno compra pocos espacios publicitarios, sobre todo porque se trata de un medio crítico.

"Pero también entiendo que está sostenido por bases sólidas que son los empresarios, los dueños, y que si tienen ese medio de comunicación es para mantener su línea editorial, pero para eso se necesita que sus trabajadores estén bien y reciban lo justo. No hablo de generosidad, sino de justicia, de un salario digno. Si tú peleas por la igualdad, los derechos de la ciudadanía, contra las injusticias de parte del gobierno, de ciertas personas, y en la propia empresa practicas esas mismas barbaridades, y son inhumanos, entonces yo pregunto, ¿dónde está la moral?, ¿son inmorales o tienen doble moral?; ¿cómo haces periodismo o cómo das la cara como defensor y dentro estás oprimiendo a tus propios trabajadores?"

Pepis está agradecido con la oportunidad de ser periodista. No olvida al intercalador que fue cuando recién ingresó a *Noroeste*, ni al joven aquel que estuvo en fotomecánica. Recuerda, con memoria milimétrica y de precisión cirujana, que Alfredo Jiménez Mota –actualmente desaparecido, tras haber sido periodista de *El Imparcial*, en Hermosillo, Sonora, donde publicó historias sobre el narcotráfico y los vínculos de éste con el gobierno–, era reportero policiaco.

Pero aclara: él no entró recomendado por nadie para alcanzar la categoría de reportero, ni tuvo influencias, tampoco le regalaron lo que ahora tiene. Ese baga-je, la experiencia, la mirada de águila que hurga bajo el pavimento y más allá. Todo le ha costado y mucho, pero también está agradecido con quienes le dieron la opor-tunidad de trabajar, aprender y le enseñaron a ser lo que ahora es.

"Todo lo que he logrado ha sido a chingazos. Agradezco a mucha gente que creyó en mí, porque fui una persona responsable. Recuerdo al Chino —como lla-maban al jefe de producción— y le conté que quería ser reportero y me dijo: 'Piénsala bien, si la cagas allá, no hay vuelta atrás. Allá la cagas una vez y te vas.' Pero soy un hombre de retos, me gusta retarme y ver hasta dónde llego. El asunto que está pasando ahorita es que están pa-gando por muerto, por una vida, por accidente, muerte violenta, pero no suicidios… por cada muerto me dan ciento cincuenta pesos."

"Cuántos muertos tuve para ganar una quincena o cuántos hubo para desquitar las desveladas. Es algo cabrón. Se escucha feo porque es una vida o varias vidas de por medio. Imagínate qué debo esperar para com-pensar el desvelo, que haya un promedio de diez vidas humanas. Imagínate. Eso te va chingando psicológica-mente… si no hay muerto, no me pagan las guardias", sostuvo.

Anteriormente —añadió—, las jornadas eran de ocho horas diarias y los de la sección policiaca realizaban guardias una o dos veces por semana. Había, por supues-to, más personal. Los recortes de empleados han llevado a *Noroeste* a jornadas de veinticuatro horas de labores, por el mismo lapso de descanso, y más recientemente, a cuarenta y ocho horas por cada una de ellas, es decir, de trabajo y de descanso.

"Entonces, todo esto desgasta psicológica, física y emocionalmente. Porque después de este trabajo, de estas jornadas, llegas a tu casa enfadado; si alguien te habla, te encabronas; llegas a descansar, no quieres saber nada de muertos ni de nada. Yo estoy bien mentalmente, pero estoy consciente de que esto se va deteriorando poco a poco, estoy estudiando y trabajando, y es una putiza que me estoy arrimando. Si dejo de estudiar, no vuelvo a agarrar la escuela. No sé por qué la empresa no instrumenta otro mecanismo, contrata más personas o te paga horas extra, y así deja de pagar por muerto. Yo no estoy de acuerdo."

Este esquema de pagar por decesos en accidentes o asesinatos —agregó— se realizó antes en este diario durante cerca de año y medio, entre 2013 y 2014, pero se suspendió porque contaban con más empleados en el área de información de carácter policiaco. Todo regresó a la "normalidad" durante 2015, porque dos empleados del área fueron dados de baja. Con esto, dos reporteros de nota roja hacen lo que hacían cuatro.

"Desde agosto del año pasado, más o menos, se retomó ese esquema, de veinticuatro por veinticuatro, y los fines de semana de cuarenta y ocho por cuarenta y ocho, y es el mismo salario. A mí me pagan 4 mil 800 pesos a la quincena por esa carga de trabajo tan pesada, pero si la muerte ocurre antes de las doce no cuenta, después de las ocho de la mañana, tampoco. No los pagan. Y entonces tú piensas en que haya muertos entre doce y ocho para compensar el desvelo, entre falsas alarmas: llegas hasta

Pericos –una comunidad ubicada a cerca de cincuenta kilómetros al norte de Culiacán, en el municipio de Mocorito– y no hay nada, o es muerte natural o suicidio, y no pagan nada. Me pregunto entonces, ¿quién paga el cansancio, el estrés?"

La denuncia

La monotonía se rompió cuando Ernesto Martínez hizo la denuncia: soy reportero de la fuente policiaca del diario *Noroeste*, de Sinaloa, y me pagan por muerto. Estaban en el Encuentro de Periodismo de Investigación Rompiendo el Silencio, y él lo rompió de un solo golpe de martillo.

El encuentro, al que asistieron alrededor 140 comunicadores del extranjero y de veintidós regiones del país, sobre todo las consideradas violentas, fue en la Ciudad de México, por convocatoria de la organización Reporteros de a Pie, en diciembre de 2014. Asistieron Javier Darío Restrepo, un experimentado periodista de Colombia, que cuenta con reconocimiento internacional, e integrante de la Fundación para un Nuevo Periodismo Iberoamericano (FNPI) –creada por Gabriel García Márquez–, el peruano Gustavo Gorriti, premio Maria Moors Cabot, Manuel Alejandro Guerrero, de la Universidad Iberoamericana, Mike O'Connor, del Comité para la Protección de los Periodistas (CPJ), Balbina Flores, de Reporteros Sin Fronteras, y Lucy Sosa, del *Diario de Juárez*. También acudieron María Idalia Gómez, Jacinto Rodríguez, Daniela Pastrana y Rosario Mosso, del periódico semanal *Zeta*, de Tijuana.

Entre otros temas, los asistentes abordaron la necesidad de contar historias humanas en medio de la violencia, las condiciones laborales en que los comunicadores realizan su trabajo, los riesgos de la cobertura en regiones con fuerte presencia del narcotráfico y la necesidad de instrumentar medidas de seguridad para los reporteros.

Durante una de las charlas, Pepis denunció que además de que tenía un salario bajo y jornadas laborales extenuantes, a lo que se agregaba que le pagaban ciento cincuenta pesos en caso de muertos por accidente y homicidios dolosos. La expresión atrajo la atención de los asistentes y los que no escucharon de primera mano recibieron la versión de sus compañeros. Aquello fue más allá de una afirmación aislada, se llenó de nuevas e inquietantes voces, hasta que llegó a oídos de Gorriti y Restrepo, los gurús del periodismo que acudieron como invitados especiales.

"En la conferencia que dio Restrepo abordó el tema puntualmente. Se salió del discurso que llevaba preparado para hablar sobre esto. Entonces, yo no lo miraba en la dimensión de los periodistas mexicanos y extranjeros, pensé 'algo está pasando'. Yo lo tomaba como un disgusto, un malestar laboral. Pero no, es algo más serio", recordó Martínez.

Después de estas afirmaciones y de la condena enérgica de Javier Darío Restrepo ante la denuncia de Pepis, algunos reporteros se incorporaron como resortes y lo entrevistaron. Su denuncia se difundió a una veintena de regiones del país y llegó a oídos de comunicadores y académicos de México y el extranjero.

¿Cuál es el argumento del periódico para pagarte por muerto?
Que no hay dinero, pasan por una situación difícil y no tienen presupuesto para una modalidad diferente.

¿Te ha tocado que te paguen por un conocido, alguien que te duela, un policía, socorrista o reportero con quien hayas tratado?
No, no me ha tocado que me paguen por conocidos, pero sí por una niña muerta, atropellada. Me acuerdo muy bien que fue en la mañana, como a las siete, y acudí con la intención de obtener un poco más de dinero. Una niña de un campo agrícola ubicado por la carretera La 20, cerca de Villa Juárez, en Navolato. Y yo iba pensando 'ya con esto completo la cuota', y cuando llegué y vi a la niña, me sentí mal conmigo. Muy mal."

"He llorado por los muertos. He llorado por lo que pasó hace poco, por la avenida Las Torres, de un niño muerto que iba con un adulto. Ahorita me acaban de confirmar que murió el otro niño que iba con ellos y que resultó herido… me pega mucho. Tengo familia y tienen familia, y como quiera se refleja."

¿Entonces no te has acostumbrado a los muertos?
No, creo que no he perdido la sensibilidad.

¿Y perderla qué significa?
Que ya no me interese, que ya no sienta dolor. No perderla significa que soy humano y siento todavía.

Para un periodista, perder la sensibilidad es una forma de morir. Si no te importan los muertos, es mejor renunciar y retirarte del periodismo, ¿no te ha pasado?

Ya estás dañado, pero no me ha pasado. Yo estoy consciente de que existe la gente que tortura, levanta, mata; lo hace como respuesta a personas que hicieron algo. No digo que esté bien, sino que es consecuencia de algo que hiciste mal. Sé que el afectado tiene hijos, hermanos, padres, amigos, y no justifico la muerte, pero hubo condiciones para que se presentara todo esto.

¿Tú has convivido con matones?

No tengo nexos, pero sí conozco muchos.

Los agentes funerarios reciben avisos de los propios matones, a veces los militares o policías son matones.

Ellos mismos llegan a la escena del crimen y te mandan la foto. A cambio, te piden que los invites a desayunar o les pongas saldo al celular. Lo hacen para que lo publiques, tal vez para que ése que lo mandó matar se dé cuenta de que se hicieron las cosas como quería, porque ellos trabajan para los matones.

Recordó que en una ocasión venían por la avenida Obregón, muy cerca del templo La Lomita, en la colonia Guadalupe. Se transportaban en una camioneta del *Noroeste*, y en un semáforo la luz roja los detuvo. Una camioneta se les emparejó y uno de los hombres que iban en ella les gritó que ahí, adelantito, les iban a tirar un muerto, por si les interesaba.

"Sígannos", les dijo, como despidiéndose. Y arrancaron a toda velocidad.

Ellos no les hicieron caso, pues pensaron que se trataba de una broma. Minutos después, cuando llegaron a la redacción del periódico, les avisaron que ahí, en la colonia Guadalupe, acababan de encontrar dos personas ejecutadas a balazos. Los testigos informaron que los habían tirado desde una camioneta que coincidía con las características de aquella que se les emparejó y les avisaron lo que harían.

"En ocasiones, no encontramos a los muertos y los mismos matones llegan, armados, y dicen a los polis 'no es por ahí, sino más allá'", señaló.

Pepis se siente y se sabe libre. Asegura no tener compromisos ni vínculos con narcotraficantes, matones o policías. Eso —advierte— le quitaría su espíritu y la esencia que lo convierte en periodista.

"Conozco a mucha de esa gente, pero no tengo nexos. Yo soy libre y creo que es lo último que debo perder, si pierdes tu libertad, pierdes tu esencia como periodista, vas a ser portavoz, no más... de grupos de poder, de delincuentes, del gobierno, y ése es el problema que enfrentan algunos medios de comunicación: quieren que se escriba sólo su versión, y si no los rafaguean. Eso es porque alguien de dentro se comprometió a publicar las cosas como ellos querían y ésa fue la respuesta."

"Yo les digo 'no soy el dueño, no pongo lo que yo quiera', y me han amenazado, pero de esa manera me defiendo. No te pueden obligar porque no tienes ningún nexo económico o de otro tipo con ellos. Tal vez te amenacen, pero no puede pasar de ahí. Me han pegado con rifles, por lo mismo, y me han amenazado. Pero listo, aquí estoy."

¿Te sientes seguro en la ciudad?
No, para nada.

¿Ni como ciudadano ni como reportero?
No, hay mucha inseguridad. Pero, de todos modos, hago lo que debo hacer, estoy comprometido con la sociedad.

La muerte cerca

El 22 de enero de 2015, Ernesto, que ese día regresó de un periodo vacacional, hizo una cobertura en la bahía de El Tetuán, municipio de Navolato. Habían asesinado a una persona y en eso estaba, recolectando los datos, cuando lo llamaron por teléfono y le dijeron que si no llegaba a la redacción en quince minutos, su información no entraba.

El reloj marcaba las 10:30 de la noche y él estaba a cuarenta minutos de la redacción. Decidió subirse a la camioneta del periódico y emprender el regreso. Tenía que apurarse, era la orden del editor. Venía a cerca de 160 kilómetros por hora, en medio de un convoy de la policía, quienes optaron por cuidarse mutuamente en esa carretera. Pero antes de llegar a El Limoncito, cerca de la cabecera municipal de Navolato, se le atravesó un becerro: el vehículo de la funeraria, que iba delante, lo esquivó, pero el no.

Cayó a un barranco de alrededor de treinta metros de profundidad y según peritos de Tránsito Municipal y testigos, dio cerca de trece vueltas, y "los polis creían que me había matado, porque del carro no quedó nada, fue pérdida total. Me desperté pensando '¿qué, me quebré?' Los polis me ayudaron a salir y todavía tuve ánimo de tomarle fotos a la camioneta, que quedó destrozada. Nadie cree que no me pasó nada, únicamente un golpe en la espalda".

Señaló que es uno de los riesgos del trabajo de los periodistas: los jefes presionan para que mande la foto, suba la nota, les pase los datos por teléfono y, además, manejar a alta velocidad porque no cuentas con chofer.

"Y si a eso le sumas que un objeto o un animal se te atraviesa en la carretera, de noche. Ése es un riesgo: de que te quiebres, te mueras; yo iba a sumar veinticuatro horas trabajando, los reflejos ya no son los mismos, el cuerpo no responde, todo eso se junta y se convierte en tragedia."

Después de tomar esas fotos, el editor lo volvió a llamar. Estoy esperando las fotos –le dijo molesto. Él le contestó, también molesto, que si no se acuerda que minutos antes se había accidentado.

¿Vale la pena?

Pepis se describe como un hombre afectado psicológicamente. Se siente vulnerable y triste, contaminado por tanta muerte. Estudió la preparatoria cuando tenía alrededor de treinta años, luego la licenciatura en Historia. De un jalón, sin parar ni aceptar prebendas por su oficio de periodista, ha avanzado y ahora no puede parar en cuanto a sus estudios.

"Estoy enfadado por este sistema que aplica el miedo. La violencia te afecta, pero te adaptas; la muerte es pan de cada día y tratas de sobrellevarla, de sacar adelante tu forma de vida, pero emocionalmente me siento enfadado con el sistema. Tengo insomnio, irritabilidad y en ocasiones acumulo dos días sin dormir."

No quiere —advierte— tomar antidepresivos o pastillas para dormir. Teme que eso le genere adicción; por eso toma té de tila o de siete azares, para relajarse.

"Tengo problemas familiares, ¿por qué?, porque tienes veinticuatro horas y no ves a tus hijos, tu familia, tu esposa. Porque hay mucho trabajo y no llegas a casa, y ellos quieren que su padre vaya de la mano con ellos. El ritmo de trabajo es cabrón, porque dices 'voy a ir a una investigación o a una entrevista', y la familia ya sabe a dónde vas. Cuando estás en casa festejando un cumpleaños y te hablan, dices 'ahorita vengo', pero en realidad no sabes a qué hora regresarás. A mí me dicen, 'papá ¿ya te vas?', y les contesto: estoy trabajando. Ellos necesitan al padre, al esposo. Me estoy perdiendo de acompañarlos en sus vidas. O no llegas porque te salió trabajo, aunque esté trabajando desde las doce de la noche y sigues."

¿Y ha valido la pena?
¿Valer la pena? Creo que no, pero es un esfuerzo. Si yo tuviera mi título ahora tendría otras opciones; nadie me tiene a fuerza, pero si voy a otra área, no me pagarán lo que gano aquí, porque me van a decir que no tengo el título. Ésa es una de las razones por las que estoy trabajando y estudiando. Cuando tenga manera, voy a buscar otras opciones y seguiré ejerciendo el periodismo.

Sin dudar la vida de periodista de Pepis es amarga, cruel, un callejón sin salida, quise saber más pero los directivos del diario donde él trabajaba fueron buscados para que dieran su versión sobre el esquema de pago por muerto, pero se negaron a responder.

Bajo fuego

El diario *Noroeste*, que circula en todo Sinaloa, ha sido objeto de ataques: asaltos, persecuciones y despojos contra sus empleados, amenazas, robo de equipo por parte de agentes del orden y atentados a balazos en contra de su director editorial, Adrián López.

Muchos han sido perpetrados por la delincuencia organizada, sobre todo la ligada al Cártel de Sinaloa; pero otros, según lo ha planteado el mismo periódico, tienen su origen en el gobierno estatal. Con todo y sus altibajos, a partir de su fundación, el rotativo ha sido crítico en su trabajo periodístico.

"Desde febrero, cuando este periódico hizo la cobertura de la detención de Joaquín El Chapo Guzmán, las amenazas y los ataques, directos o mediante las redes sociales, se han hecho presentes.

Pero además, en los últimos años, *Noroeste* fue blanco de la delincuencia, que ha atentado contra los bienes patrimoniales de la empresa. Han sido cuarenta y siete casos en que esta casa editora registró robos, despojos y asaltos, en que personal y equipo han sufrido daños. También la casa del director ejecutivo de *Noroeste*, ubicada en un fraccionamiento privado en Culiacán, fue allanada por un grupo armado.

Los reportes indican que el edificio de *Noroeste* en Mazatlán fue rafagueado en 2010, después de recibir amenazas telefónicas relacionadas con una nota publicada sobre la delincuencia organizada. Meses después, afuera de las instalaciones del periódico, dejaron la cabeza de un desconocido.

Todos los casos han sido denunciados –incluyendo los despojos de motocicletas en perjuicio de los repartidores–, y la mayoría permanece impune.

El 2 de abril, en el libramiento Pedro Infante, de Culiacán, Adrián López, director editorial de *Noroeste*, fue atacado a balazos, luego de que lo despojaron del vehículo, cuando viajaba del aeropuerto a su casa. López fue herido de bala en ambas piernas. Los delincuentes se llevaron el vehículo, la computadora, los teléfonos y el dinero, y cuando se disponían a huir, lo hirieron.

Y aunque hubo personas detenidas, *Noroeste* duda de la versión gubernamental expresada por Marco Antonio Higuera Gómez, titular de la Procuraduría General de Justicia del Estado, y por el propio gobernador Mario López Valdez; él ve en estos ataques intimidación, hostigamiento, acechanza al periodismo que ejerce este diario.

Menos pacífico

El estado de Sinaloa sigue de cerca a Guerrero como el segundo menos pacífico de México; tiene la segunda tasa más alta de homicidio y de delitos cometidos con armas de fuego. El único indicador de que Sinaloa obtiene mejor calificación que la media nacional, es la cifra de delitos con violencia, al haber registrado una baja constante en el número de robos, violaciones y asaltos por cada 100 mil habitantes desde 2011, de acuerdo con informes del Índice de Paz en México, realizado por el Institute for Economics and Peace (IEP), organismo internacional apartidista y sin fines de lucro.

"Dicha tasa disminuyó de modo constante y ahora es 41 por ciento menor que en 2011, su peor cifra. Sin embargo, la tasa de crímenes relacionados con la delincuencia organizada se elevó en 2015 y la de homicidio registró un ligero repunte. Esta entidad muestra un deterioro en el indicador de presos sin condena, y es uno de los cinco estados con mayor aumento en este porcentaje. Pese a que los delitos violentos y homicidios bajaron desde 2011, Sinaloa incrementó sus niveles de presos sin condena. Asimismo, el estado no ha mostrado avances en el financiamiento de las fuerzas policiales desde 2011."

Además, el documento indica que Sinaloa se ubica en sexto lugar en el Índice de Paz Positiva, lo cual refleja una ventaja relativa en términos de las actitudes, instituciones y estructuras requeridas para avanzar en el nivel de paz.

"El estado alcanzó un buen desempeño en bajos niveles de corrupción, pero ocupa el lugar 25 en libre flujo de información y el 17 en altos niveles de capital humano. El enfoque de sistemas de la Paz Positiva del IEP señala que hay una fuerte correlación entre la corrupción y el capital humano a nivel global y que una debilidad en alguna de estas áreas puede representar un riesgo para todo el sistema."

La chapomanía exhibe a la prensa mexicana

Mario Campos

La pregunta hace una semana en la prensa nacional era si lo que hizo Sean Penn era periodismo; hoy la pregunta es si es periodismo lo que hace la prensa nacional.

La duda nace al ver la cobertura de varios medios nacionales del caso. Como muestra, basta mirar la foto de portada del diario *Milenio* del pasado lunes, que mostraba un relicario que "presuntamente" estaba en manos de la actriz Kate del Castillo. La fotonota no decía nada más, ninguna prueba de que se tratara de la actriz, ningún distintivo. Se trató tan sólo una filtración de alguna autoridad no revelada, convertida en imagen de primera plana.

El mismo diario, días después, sorprendió al mundo con otra muestra de periodismo: "Espinoza Paz usa las mismas camisas del Chapo Guzmán". ¿Qué prueba eso? Que hay reporteros y editores dispuestos a fabricar una noticia donde no la hay con tal de ganar clics.

¿Más ejemplos? Esta semana, el diario *Reforma* publicó que hay una investigación a la actriz Yolanda Andrade, con "familiares en Culiacán" que "podrían tener nexos económicos con el capo". Por donde se vea, la "nota" es un desastre. Primero, porque la base de la sospecha es el lugar de residencia, un lugar en el que viven, por cierto, cerca de 700 mil personas; segundo, porque apunta a hipotéticos familiares, no a la actriz; y tercero, porque no hay prueba de ningún delito.

Pero no conformes con eso, el diario también publica como prueba de la cercanía entre Yolanda Andrade y

Kate del Castillo –convertida en personaje tóxico cuyas relaciones son de pronto todas sospechosas para la prensa– que son cercanas "hasta el punto de compartir en redes sociales sus constantes encuentros". ¡Vaya revelación, la actriz tiene amigas que saben usar Twitter e Instagram!

Vamos ahora a *El Universal*, diario que en su cabeza principal habla de una "tequilera Kate-Chapo". ¿Tiene pruebas el diario de esa asociación empresarial? Ninguna, y si las tiene, no las incluye en la nota. Todo es una especulación sobre los planes del capo para invertir en ese lugar. No obstante, la supuesta intención es convertida ya en un hecho por la gracia de un redactor.

Es evidente que en la última semana la prensa nacional ha estado lejos de vestirse de gloria. Por el contrario, se convirtió en la caja de resonancia de filtraciones oficiales, en un espacio para construir una telenovela (mala) con notas sobre la impotencia sexual de un narco, y en un triste ejemplo de que el periodismo que se hace por profesionales no necesariamente es serio, riguroso, ni mejor que el que realiza cualquier otra persona.

Del sitio de Mario Campos
15 de enero de 2016

Tres veces exiliado

Una mujer policía pasa cerca. Va en una patrulla de la Policía Municipal de Gómez Palacio, Durango. Afuera hay mucho movimiento: un montaje de cámaras de televisión, para que todo México se entere de que las cosas van bien, hay paz, justicia y tranquilidad. La agente maneja, des-pa-cio. Bajo la cámara, los ve a él y al reportero, grabando en la calle las imágenes de un operativo inexistente, cuyo objetivo es simular que hay orden, el gobierno manda y ellos investigan, persiguen y someten a los narcotraficantes. Pero no. La uniformada los ve bien. Parece afilar los ojos: enfocan mientras pasa como en una película policiaca, y al tenerlos de frente y a cortísima distancia, les dice: "Cuidado, tengan cuidado. Aguas."

Después de esto, a Alejandro y Héctor se les prendió la mecha. Un motín de reos los llevó al centro penitenciario de esa ciudad, donde recogieron testimonios de familiares, mientras entraban y salían patrullas de la policía y el ejército, y camionetas con cadáveres del Servicio Médico Forense. Y de ahí, al secuestro de cuatro periodistas, entre ellos Alejandro. Y todo explotó en sus vidas. Para esas horas, para esos seis días. Para siempre.

Ese 26 de julio de 2010, Alejandro Fernández Pacheco iba con Héctor Gordoa, recién llegado de la Ciudad de México; enviado por el área de noticieros Televisa, cubría diversas historias relacionadas con la violencia en esa región del país, luego de publicarse a nivel nacional que Margarita Rojas Rodríguez, la directora del penal de esa ciudad, dejaba salir a los reos y les daba vehículos oficiales y armas de cargo, como si fueran agentes de una corporación poliaciaca, para asesinar en Torreón, el vecino estado de Coahuila. Era la guerra entre el Cártel de Sinaloa y Los Zetas.

Pero el camarógrafo de Héctor perdió el vuelo, así que acudió al canal que la empresa tiene en esa ciudad. Alejandro estaba ahí, asignado a la edición de noticias. No había más camarógrafos, y ahí Alejandro quería estar, además, ya tenía experiencia. Por eso no tuvo inconveniente en acompañar al recién llegado a quien, por cierto, veía por primera vez.

"Entonces hablaron conmigo. Yo estaba en el estudio, tenía poco trabajando en Televisa, pero casi no salía a la calle, que es lo que me gusta. Me dijo el productor 'qué onda' y le dije que sí. Necesitaban alguien con experiencia, para grabar material y enviarlo a México, que salga bien y sepa a dónde va. A mí se me hizo un trabajo como cualquiera, pensé en mi material saliendo en México. Me llevé mi equipo y fuimos a Gómez Palacio, donde nos recibirían temprano", recordó Alejandro.

El reportero trabajaba para *Punto de Partida*, que dirige Denise Maerker; ya traía citas establecidas, entre ellas con los alcaldes de la región: Gómez Palacio y Lerdo, en Durango; Torreón, en Coahuila. Así que primero fueron a Gómez Palacio, donde el presidente municipal los hizo esperar mucho, hasta que los atendió. También entrevistaron a dos agentes, a quienes cubrieron el rostro para guardar su anonimato. Como lo esperaban, todo estaba bien. No había problemas, violencia, corrupción, ni narcotráfico. La violencia –dijo el edil– estaba descendiendo y los ciudadanos alcanzaban por fin la felicidad. Así lo contó Alejandro, escupiendo el sarcasmo.

Un reporte de 2011 indica que en Coahuila la incidencia de homicidios se disparó en cerca de cien por ciento y la mayoría de los casos se dio en Torreón. La información, basada en datos del secretariado ejecutivo del Sistema Nacional de Seguridad Pública, indica este comportamiento delictivo de diciembre de 2006 a diciembre de 2010; ese año hubo 381 homicidios en esa entidad, de los cuales 316 fueron en Torreón, la capital, esto indica cerca de 83 por ciento del total.

Esa parte de Torreón, además de La Laguna, se convirtió en una de las regiones más violentas y peligrosas del país. Los datos indican que hubo 665 asesinatos: 18 en 2007, 78 en 2008, 188 en 2009 y 381 en 2010.

Después de la entrevista, afuera del despacho del alcalde y mientras grababan la movilización de patrullas y agentes, montada para que ellos filmaran el reportaje, fue cuando la agente pasó de cerca y les dijo: "Cuidado, tengan cuidado… aguas."

Alejandro no sabe si esa mujer uniformada los amenazaba, sabía lo que se les preparaba o sólo les advertía porque en la región las pugnas entre cárteles y la incidencia de homicidios eran altas y, por lo tanto, preocupantes. Si fue una amenaza, ahora puede decirse, se cumplió.

Motín

Mientras grababan el desfile de policías, les avisaron que había un motín en el penal de Gómez Palacio, donde la directora había sido destituida por nexos con el narcotráfico. La funcionaria dejaba –como se anotó– que los reos salieran en vehículos oficiales y con arma de cargo, asesinaran en otra región, para "calentar" la plaza y afectar a los enemigos que la controlaban. Hacían el trabajo y regresaban al centro penitenciario.

Una nota publicada en octubre de 2010 y firmada por Gustavo Castillo, en *La Jornada*, señala que a Margarita Rojas Rodríguez, acusada de operar para el Cártel de Sinaloa –liderado por Ismael Zambada, El Mayo, y Joaquín Guzmán Loera, El Chapo– la detuvieron, arraigaron y consignaron ante un juez federal.

"La Subprocuraduría de Investigación Especializada en Delincuencia Organizada (SIEDO) ejercitó acción penal contra la exdirectora del penal de Gómez Palacio, Durango, Margarita Rojas Rodríguez y diez exfuncionarios de ese reclusorio por estar vinculados al *Cártel* de Sinaloa.

"La Procuraduría General de la República (PGR) informó que los consignados están relacionados con los homicidios que perpetraron internos de ese penal, a quienes se otorgaban permisos para salir a los bares Ferris, Juanas e Italia Inn, en la ciudad de Torreón, Coahuila, que dejaron más de diez víctimas.

"La Unidad Especializada en Investigación de Delitos Contra la Salud de la SIEDO solicitó y obtuvo orden de captura contra ex funcionarios de un juez de distrito con sede en Torreón, pero envió a los detenidos a penales federales de Veracruz y Nayarit.

"Los consignados son Margarita Rojas Rodríguez, Francisco Carlos Alberto Uranga Orona, José Guadalupe Rivas Ordaz, Roberto Enríquez Aguayo, Rogelio Benavente Mancha, Eduardo Rangel Arámbula, José Eduardo Espino Sánchez, David Rivera Castañeda, Raúl Francisco Robles Nájera, Lucio Villa López y Mayra Soledad Martínez Barrón.

"Los 11 trabajaban en el Centro de Readaptación Social número 2 de Gómez Palacio, Durango. Les imputan probable responsabilidad de la comisión de delincuencia organizada, homicidio y tentativa de homicidio calificado, ya que permitieron que reclusos utilizaran armas de los custodios para asesinar a ciudadanos de Coahuila, como parte de su presunta vinculación con integrantes del Cártel de Sinaloa.

"Los indiciados fueron detenidos entre julio y septiembre por agentes de la Policía Federal, luego de que en un video se observó que un policía municipal interrogado por miembros de Los Zetas afirmó que la directora permitía a internos de esa prisión salir a asesinar a integrantes de bandas rivales."

Héctor y Alejandro llegaron al penal del motín, en Torreón. Eran alrededor de la 13:30 horas y hasta las 15 horas, más o menos, se dedicaron a entrevistar a familiares de los reos y a jefes policiacos responsables del operativo. Cuando arribaron, los reporteros estaban lejos del penal, a unos cien metros de la entrada principal. No había fotógrafos ni camarógrafos, es de suponer que nadie tomaba fotografías ni grababa lo que estaba pasando en la cárcel, de la que entraban y salían patrullas y camionetas del Servicio Médico Forense, entre policías de diversas corporaciones y militares.

"Estaban los compañeros de los medios pero alejados, tal vez a unos cien metros. Como a una cuadra de distancia, tomando notas, pero no video ni fotos. Llegamos y saludamos, les presenté a mi compañero y nosotros nos fuimos a la puerta, donde estaba la gente enardecida, pidiendo que regresaran a la directora del Centro de Readaptación Social (Cereso); decían que era muy buena, que por qué la habían detenido. Recuerdo que había gente muy preocupada, sobre todo mujeres", señaló Alejandro.

Ahí permanecieron, recolectando testimonios e información sobre el motín y sus antecedentes, alrededor de dos horas. Cerca de las 15 horas decidieron irse, porque le avisaron a Héctor que el camarógrafo logró tomar un vuelo y se iba a incorporar, entonces ya no necesitaban a Alejandro. Héctor se lo dijo: "Para que te vayas a descansar, ya llegó el camarógrafo que perdió el vuelo."

Se subieron al vehículo, rentado por Héctor en el aeropuerto y, por lo tanto, no llevaba logotipos ni la leyenda "Prensa". Tomaron el periférico que conduce a Torreón. La luz roja de un semáforo bajo un puente los detuvo. Esperaban la flecha para dar vuelta, cuando vieron un carro viejo, tal vez un Thunderbird o un Cougar negro, de los noventa, dirigirse hacia ellos en sentido contrario. Se puso la luz para que avanzaran. Demasiado tarde. Ese vehículo viejo les cerró el paso.

"Nos van a matar", pensó Alejandro.

"Creí que se había descompuesto porque era un carro viejo. Se bajaron tres, traían armas cortas. Nos apuntaron. Pensé 'nos van a matar aquí. Aquí mero'. Y no. Nos gritaron que abriéramos las puertas traseras y se subieron en el asiento de atrás. Nos quitaron los teléfonos. 'Rápido, identificaciones. Todo'. Nos preguntaron para quién trabajábamos, porque el carro en el que íbamos no traía logotipos. Les dijo que para Televisa y ellos insistían para quién, quién era el jefe. No nos creían y nos iban pegando, mientras Héctor conducía. Nos habían ordenado seguir su carro, en el que iba otro de ellos. Pensaron que estaba funcionando el micrófono que traía en el chaleco. Íbamos hacia Lerdo, tras el carro negro de ellos, y se metieron a un camino de terracería, nos bajaron y nos metieron en la cajuela. Nos llevaron a una casa de seguridad, ahí estaba un compañero reportero que también estuvo en el Cereso, cubriendo el motín. Se llama Javier y trabajaba en Multimedios. Nos retuvieron hasta las seis o siete de la tarde, esperaban indicaciones de qué hacer con nosotros."

Hablaban por teléfono con sus superiores. "Sí, jefe. No, jefe. Lo que usted diga, jefe." Por supuesto, los capturados no sabían el apodo del interlocutor de esos que los plagiaron. Alcanzaron a escuchar que uno preguntó '¿qué hacemos con ellos?, ¿les damos cuello?, ¿les damos piso?, ¿le prendemos cerillos al carro?" Alejandro pensó que si quemaban el carro, sería con ellos dentro. No lo concebía de otra manera. Insistían en sus preguntas: "¿Para quién trabajan?" Era la que más se repetía. Tal vez no creían que eran empleados de una televisora, o si lo creían, igual estaban al servicio de alguna organización criminal y en función de eso cubrían o no ciertos hechos, escribían o no, grababan, entrevistaban. Periodismo manchado, sometido, desviado. Pero no, ellos no eran de esos.

"Íbamos acostados en la cajuela. Abrían la puerta, nos aventaban humo de mariguana y cerraban el carro. Me pegaban con la mano abierta. 'Pinches chismosos', y comentaban entre ellos por qué andábamos nosotros ahí. Después nos movieron a otra casa de seguridad, donde estuvimos de lunes en la tarde a viernes en la tarde; durante todo un día nos hicieron hablar con el productor de nuestra televisora. Héctor habló con sus jefes en México, con la producción del programa *Punto de Partida*, y Javier con los de Multimedios, y nos decían que les dijéramos a ellos que le bajáramos de güevos a la historia de la directora del Cereso, que no publicáramos ya nada, porque si salía una noticia, al día siguiente ellos nos iban a quebrar. Y así fue, no se publicó nada. Preguntaron si iban por alguien de Tv Azteca y uno de ellos contestó 'no, ya con estos tenemos'."

Martes o miércoles —Alejandro no recuerda bien— a sus captores se les ocurrió que subieran un video a Youtube y se transmitiera a nivel nacional. Querían impactar, tanto en Televisa como en Milenio —del grupo Multimedios— con el objetivo de incriminar al cártel contrario de los hechos violentos.

De casa en casa

"El gobierno decía que nos retenía el Cártel de Sinaloa, pero nosotros nunca supimos quiénes eran. Nos imaginábamos algo por el área. Pero no preguntamos. Sacaron un video como de quince minutos y lo publicaron con Joaquín López Dóriga y Carlos Loret de Mola; en Milenio también lo pasaron. De eso me enteré después, pasó el miércoles; ese día hablaron con Héctor y lo dejaron salir el jueves porque le escribieron un *script* que querían que se transmitiera el jueves en la Ciudad de México. Héctor insistía en que me dejaran salir a mí, porque yo iba a editar. Pero no quisieron. El jueves en la mañana lo liberaron a él y a nosotros nos dieron chansa de bañarnos."

La liberación se da entre tres y cuatro de la tarde. Héctor sale en avión a México, pero antes Alejandro le pide que llegando a la televisora le hable a su esposa por teléfono y le avise que está bien. Héctor llevaba la encomienda, impuesta por los delincuentes, de que publicara el texto que le dieron y se transmitiera a nivel nacional. Si no, matarían a sus compañeros periodistas.

Alejandro estaba preocupado. Pedía abordar el primer avión para publicar la nota ese mismo día. Si no, los iban a matar. Héctor cometió el error de comentárselo a la esposa de Alejandro y así se enteraron familiares y amigos de ellos, así como el resto de los secuestrados. Y cuando vieron que no salió nada sobre el caso, todos pensaron que los iban a matar.

"Héctor habló con mi esposa y la tranquilizó, le dijo que iba a México a narrar una historia para liberarme a mí; mi familia y amigos esperaban el programa en la noche; cuando vieron que decidieron no sacar nada.

En lugar de publicar lo que los captores querían, Denise Maerker habló a cuadro sobre el caso, y en señal de protesta, anunció que la pantalla se iba a negros. Entonces, las teles oscurecieron.

"Psicológicamente sí estaba cabrón, porque nos decían que nos iban a matar, que nos iban a cortar la cabeza. Nos cortaban el cartucho a un lado y nos decían que iban a traer a la familia, a los hijos. Pero al día siguiente nos llevaron una gordita y un pedazo de torta y agua, pero no nos dejaban ir al excusado no, sólo nos pusieron un bote para mear. Pero nada más."

Recordó que al día siguiente escucharon un helicóptero. "Ojalá que nos rastreen por aquí", pensó Alejandro. Por un momento los dejaron solos, amarrados. Con los ojos vendados, pero solos. En esa casa había tres policías federales, uno herido. Estaban esposados. Había también un taxista y un policía preventivo, se desconoce de qué ciudad.

"Nunca llegó el helicóptero ni nos rescataron, y como a las seis o siete apareció gente de ellos y dijeron que nos soltarían. Dejaron ir a los polis y les dieron dinero, o eso nos hicieron creer. Les dieron ropa limpia y les decían que no volvieran a la corporación. Fue el viernes 30 de julio de 2010. Nosotros esperábamos que nos dejaran salir. Nos estaban preparando y todo, nos decían 'se van a ir ustedes dos. Con ustedes se acabó el pedo, no hay problema'. Nos iban a subir a la camioneta cuando recibieron una llamada telefónica y nos dicen 'pa'trás', pero nos sacaron de ahí y nos llevaron a otra casa de seguridad."

Hernández iba en la pequeña cajuela, con Javier. Alejandro piensa en las amenazas, la vida perdida en el resumidero de esos días de aislamiento, tortura psicológica, hambre, insomnio y miedo. Piensa en su familia, más que en él. Como puede se desata, abre la cajuela, intenta hacerlo con cuidado para que no se den cuenta. Saca identificaciones, llaves, fotos. Tira todo. "A la chingada", piensa. No quiere que den con su casa, sus hijos y esposa, y los maten. Ve todo perdido pero se dice "tengo que pelear". No puede quedarse así, sin intentar nada. Todos sus documentos y papeles quedan esparcidos en el terregal, en el asfalto, como epitafios sin muerto, tumba, ni cruz.

Ese día no les dieron agua ni comida. Estaban débiles, mareados. El vehículo se detuvo y bajaron del carro. Alejandro pensó que estaban en un paraje despoblado. Cuando esos hombres manejaban, iban muy rápido. Ni vados ni topes ni señales los detenían. Si no los aprehendían por secuestrar, torturar y matar, por qué iban a hacerlo por conducir a alta velocidad.

Los llevaron a una casa en Gómez Palacio; la gente andaba en la calle, los niños jugaban en las aceras. Nadie se asomó ni dijo nada. Nadie miró. En el lugar había zombis, extraterrestres, gente de mente extraviada, ciegos, locos sueltos y mudos. A los periodistas los bajaron, como quien baja las bolsas del mandado, esos hombres armados, con los fusiles automáticos terciados y las pistolas a la cintura. El poder criminal visible, igual que la deshumanización. Costales de papas que trasladan de un centro comercial a la cajuela y de ésta a una casa sin jardín y con pintura roja esparcida en suelo y paredes.

"Estaba atardeciendo y nos tuvieron ahí todo ese viernes en la noche, solos otra vez. Estaban afuera, platicando. Se oían risas, y Javier y yo decidimos salirnos. Nos quitamos las vendas de pies, manos y ojos, nos tenían encerrados en un baño sin luz. Había cucarachas o ratones que pasaban por nuestros pies. Nos encontramos unas pinzas de electricista; quité las bisagras y la puerta, ya íbamos para la puerta exterior cuando escuché un radio matrax, como esos de la policía; y estábamos a punto de salir cuando llegó el carro. Eran puros chavos de 18, 19, 20 años, seis o siete. Y ahí nos encontraron, cerca de la puerta. Y se encabronaron más. Y ahí sí nos golpearon, dijeron 'ah jijo'. Tal vez no querían dañarnos, pero ese día sí nos golpearon, aunque en la cara no. En la cabeza, las piernas, el cuerpo. Feo. Pero la adrenalina hace que te levantes; recuerdo que dijeron 'dale en la cabeza pa'que se caiga', y me dieron con una tabla. Sentí que me bañé de sangre, y la verdad sirvió para caerme, para que ya no me estuvieran jodiendo."

Los delincuentes, después de someterlos y atarlos de nuevo, se fijaron cómo fue el intento de evasión. Miraron las pinzas, las puertas tumbadas. Empezaron a platicar entre ellos, hubo como un lamento por golpear a los periodistas. Como que no querían tocarlos, sólo provocarles pánico.

"Ya no nos importó nada. Dije 'si nos van a matar, que mis hijos sepan que yo intenté pelarme. Que hice lo posible por escaparme y no dejarme matar así nada más, como mucha gente'." Javier se la pasaba rezando. Héctor, que ya no estaba con ellos, dialogó con sus captores, entre los tres se cuidaban. De alguna manera todos contribuyeron para que no les pasara nada malo. Ellos les decían, desesperados y huérfanos de esperanza, que los soltaran o los mataran, lo que decidieran. Pero ya. Estaban hartos de esas esperas en las que siempre, invariablemente, pierden.

Escuchaban que la gente pasaba por la calle. Y en cuanto pudieron empezaron a gritar: "Auxilio, ayúdennos, nos tienen sin agua, estamos encerrados." Demasiado sufrir. Gritar es jugar a la ruleta rusa, con todos los espacios ocupados, con balas con nombre y apellido. Los captores se dieron cuenta y decidieron cambiarlos a otra casa de seguridad.

"Ahí sí nos dieron un galón de agua. Estábamos en una casa con piso de mosaico. En las otras era de tierra y ahí teníamos luz. Se escuchaba música de esa 'alterada' que le llaman y nos cuidaba un chavo en una recámara como dividida con una reja, con una ventanita para pasar alimentos. Una auténtica casa de seguridad. El cuarto estaba lleno de sangre. Todo, todo, todo. Las paredes, el piso. Sangre seca. Creo que ahí torturaban. Fue la primera vez que descansamos, porque antes casi no dormimos, empezábamos a cerrar los ojos cuando llegaban y nos molestaban. Y fue ahí cuando dije 'pues, ya hice lo que tenía que hacer y no se logró'."

Policía a la vista

Muy cerca de esa casa estaba la policía. A los lejos se veían las luces encendidas de las patrullas y los uniformados, en una suerte de retén. Los delincuentes les dijeron que se bajaran y uno de ellos les explicó por dónde caminar para llegar con los agentes. "Váyanse." Cinco o seis de la mañana. Se escuchaban los ladridos de los perros entre las casas, bajo el cielo de Coahuila. Ellos, como hombres de alambre, entendidos y rengos, débiles y apestosos, miraron a los policías como el náufrago que ve tierra firme o un barco al rescate. La salvación, los buenos, el gobierno al servicio de los ciudadanos.

Les chiflaban conforme avanzaban. Les hacían señas. Les gritaban. Nada. Los perros se alborotaban más a su paso y los agentes ni cuenta se daban. Tuvieron que avanzar varias cuadras y estar a pocos metros de las patrullas, para que los policías se percataran de que dos desconocidos, malolientes y desnutridos, se acercaban.

"Nos escucharon hasta que llegamos como a veinte metros. '¿Qué pasó? ¿Quiénes son ustedes?', preguntaron, con rostro de asombro. Les dijimos que éramos de Milenio y Televisa, y respondieron que nos buscaban desde no sé qué día. Nos limpiaron. Me dieron una pastilla para el dolor, me revisaron la herida en la cabeza. Un policía nos preguntó dónde estuvimos, se acercó otro y dijo que ahí cerca había una casa de seguridad con esas características. Y dije 'ah, cabrón'. Nos asomamos y era la casa donde nos habían golpeado, donde quitamos las puertas. Y a esa casa nos llevaron."

Cuando llegaron a la vivienda, los agentes empezaron a revisar y ordenar. Con ellos iban un fotógrafo y un camarógrafo. Empezaron a preguntarles cómo los tenían, dónde, en qué lugar exactamente, si estaban acostados o sentados. Tomaron fotos y grabaron videos. Alejandro se desconcertó. "Qué pedo", pensó.

"Preguntaban y preguntaban 'dónde los tenían, cómo estaban sentados, cómo era la venda que te quitaste', y nos tomaron foto y video, como si nos estuvieran rescatando, un montaje. Dije: '¡Ah, cabrón. Qué pedo con estos güeyes!' Le dije a uno de ellos: 'Préstame tu teléfono, para llamar a mi esposa.' 'Vete de ahí, porque no es seguro.' 'A México, ¿cómo?' 'No sé, pero allá nos vemos. No estés en la casa'." Un tío la llevó.

Permanecieron unos momentos en las oficinas de la Policía Federal en Torreón y se fueron a Gómez Palacio. Los metieron a un vehículo de la policía, conocido como rino. "En el lugar estaban unos ochenta policías que nos buscaban." Fueron los periodistas y policías a hacer un recorrido por las zonas en que los tuvieron cautivos. Alejandro le dijo a uno de ellos, que parecía el jefe, que consiguieran un helicóptero para decirles dónde habían estado. No accedió. Tumbaban puertas. Ya no había nadie.

Enfilaron hacia el aeropuerto. Ahí estaba el comandante regional, Luis Cárdenas Palomino, quien encabezó el operativo de búsqueda de los periodistas secuestrados; era amigo de Genaro García Luna, entonces secretario de Seguridad Pública Federal. Fue el jefe policiaco el que les anunció que el presidente de la República, Felipe Calderón Hinojosa, quería verlos y tenían que irse en avión a la Ciudad de México.

"Pensé que nos iban a dejar ir a la casa. Eso les iba a decir, que quería estar a gusto, bañarme, que me atendieran la herida en la cabeza y ahí muere, pero nos subieron a un avioncillo hasta la Ciudad de México y nos llevaron en helicóptero a Iztapalapa, donde está la Policía Federal. Llegamos y estos güeyes ya tenían todo preparado para una conferencia de prensa, pero no nos dijeron nada. Estaba García Luna con Facundo Rosas y todos esos güeyes de la Federal. Según nos explicaban, el rescate fue por vía satelital, nosotros entramos por aquí y por allá. Nos dijo: 'Vamos a tener una conferencia de prensa, si nos gustan acompañar.' Yo pensé: 'De qué se trata este pedo, se supone que nos deben proteger', pero ellos insistieron como diciéndonos, 'paguen, nosotros los rescatamos'. Yo no les tenía confianza y dije 'Si les decimos que no, estos güeyes son capaces de matarnos'. Van a matarnos y a decir que nos mataron otros. Andábamos bien traumados y no sabíamos lo que sería salir frente a las cámaras. Debieron protegernos. Nunca sacan a las víctimas, pero les valió madre. No sé si alguien de la empresa trató de parar eso. Pero la conferencia de prensa no debió hacerse… Pues se hizo y después habló mi familia 'Oye, ¿por qué saliste?', pues estábamos bien presionados. Mis amigos también me cuestionaron. Unos vecinos me dijeron que estaban unos güeyes armados afuera de la casa y no parecían policías. Pensé 'y ahora, cómo me regreso'. Allá nos tuvieron como veinte días (en la Ciudad de México), nos dijeron que ya se había acabado la investigación y cada quien para su casa. Pero yo no quería regresar. Yo les pedía un raite para Juárez (Chihuahua), pero no me ayudaron."

A Alejandro no le sale de la mente que era común que los policías federales, cuando lo llevaban de un lado a otro, fueran con el estéreo del vehículo encendido, con algún disco en la ranura, escuchando corridos "alterados", referentes al narcotráfico, sus sicarios y capos. Él siempre se preguntó si los agentes no serían los mismos que lo tuvieron secuestrado.

El circo

La Secretaría de Seguridad Pública (ssp) federal dio dos versiones distintas de la manera en que la policía localizó a los periodistas Alejandro Hernández Pacheco y Javier Canales, plagiados el 26 de julio en Gómez Palacio, Durango, supuestamente por un grupo del crimen organizado, que se presume relacionado con el Cártel de Sinaloa, reza una nota publicada por *La Jornada*, en septiembre de 2010.

Cuando aparecieron los periodistas el 31 de julio, durante la conferencia de prensa en que fueron presentados a los medios, el titular de la ssp, Genaro García Luna, afirmó: "Cuando llegó la Policía Federal, se acordonó el área donde estaba la casa de seguridad, se localizó a los compañeros reporteros y como primer objetivo se les da seguridad para que no fueran blanco de disparos o de alguna agresión."

Ese mismo día, durante una entrevista televisiva, Luis Cárdenas Palomino, jefe de la División de Seguridad Regional, dio otra versión: ellos (los reporteros) desarmaron una ventana para salir en la madrugada de hoy, a las 6 de la mañana, se toparon con nuestra gente.

Pero Alejandro Hernández, quien ya había solicitado asilo ante el gobierno de Estados Unidos porque su vida corría peligro y ni el gobierno mexicano ni la empresa para la que trabajaba lo respaldaron, narró en el noticiario radiofónico de Carmen Aristegui cómo fue su liberación y la de Javier Canales, luego de que los plagiarios los cambiaron de una casa de seguridad a otra. En su testimonio negó tajantemente las versiones de García Luna y de la Policía Federal.

"Los jóvenes nos llevaron en un carro, y pensamos que era para *ejecutarnos*, porque decían que nos iban a entregar a un *cártel* contrario, y entonces vimos un terreno, un baldío, y nos subieron al carro, y a unas cuadras, cuando ya iban a dar vuelta, cuando de hecho iban huyendo, ahí nos dejaron y nos dijeron: 'Ahí se van a ir a la derecha corriendo, y ellos los van a ayudar.' Salimos corriendo como dos cuadras, y entonces empezamos a chiflar a las patrullas. Íbamos chiflando a las patrullas, no sabíamos si eran de la preventiva; teníamos miedo, porque no sabíamos de qué corporación eran."

El informador aseguró que esos señalamientos están asentados en su declaración ministerial, al igual que sus captores les señalaron que "esas personas (los policías a lo lejos) los van a ayudar". Teníamos miedo que fuera un *operativo*, porque sabíamos que los de la preventiva están coludidos, y nosotros corrimos. Ellos dijeron corran, y nosotros pensamos que iban a dispararnos, que nos iban a atropellar. Corrimos y corrimos porque vimos a la policía, y porque podíamos escapar en ese momento; ellos (los plagiarios) se fueron en su carro a toda velocidad.

"Chiflé fuerte, pero era como si no nos escucharan; fue muy raro, porque estábamos desesperados. Corrimos unos tres o cinco minutos. Ya habíamos recorrido cuatro cuadras, y si hubieran estado buscándonos (los policías), ¿cómo no iban a vernos?

"Corrimos hasta que llegamos a la patrulla de la Policía Federal, en una esquina, donde después supimos estaba la segunda casa de seguridad donde nos golpearon.

"Cuando estábamos a unos ocho o 10 metros, corrieron y preguntaron: '¿quiénes son?' Les dijimos: 'somos reporteros de Televisa Torreón y Multimedios', y que acabábamos de escapar de una casa, y ya", narró Alejandro Hernández.

Asimismo, confirmó que durante la conferencia de prensa del 31 de julio, la SSP dio una versión diferente de lo sucedido; pero señaló que "no podía desmentir ahí, porque me dio miedo, y no pude decir que no fue así, eso de que llegaron a la casa, que de allí nos sacaron y que se fueron los captores".

Ese día, García Luna encabezó el acto en el Centro de Mando de la Policía Federal, y dio lectura al boletín 442, en el que de manera textual se afirma: "El día de hoy fueron rescatados los periodistas privados de su libertad el pasado 26 de julio en Torreón, Coahuila."

García Luna, como lo recordó Alejandro, dijo que usó tecnología de punta, trabajo de inteligencia y siguió las líneas de investigación, para referirse al rescate de los comunicadores. Pero tal rescate no existió. Fueron los secuestradores quienes dejaron en libertad a los plagiados.

Y no como dijo la autoridad: "Al percatarse de la presencia de elementos de la Policía Federal en los alrededores de la casa de seguridad, los plagiarios huyeron, terminando así el cautiverio de los reporteros Javier Canales Fernández (de Multimedios Torreón) y Alejandro Hernández Pacheco (de Televisa Torreón)."

Atisbos del asilo

Alejandro Hernández tenía la intención de irse con su familia a Estados Unidos. En el tiempo que estuvieron en la Ciudad de México, aprovechó para hablar con la familia que tiene en El Paso, Texas, y les comentó sobre esa posibilidad. Ellos le buscaron un abogado para ver opciones y dieron con Carlos Spector, quien desde un principio vio factible lograrlo, dada la gravedad del caso.

"Yo empecé a ver esa posibilidad porque en México vi por casualidad un programa de Discovery, relativo a unos periodistas de Chihuahua que estaban en proceso de asilo Y mis familiares me dijeron que buscarían a Carlos Spector y a él le interesó mucho mi caso. Empezamos a platicar y me dijo que era muy probable que consiguiera asilo. Me habló de dos vías: 'Llegar por el puente, sin documentos y decirle al migra que temes por tu vida, te persiguen para matarte, y solicitas asilo; ellos tienen la obligación de resguardarte, pero te encierran, te investigan y si no tienes un abogado que te saque de ahí te deportan, o sea que te tratan como delincuente. El otro camino es ingresar con papeles y estando en Estados Unidos iniciar el trámite.' Sólo yo tenía la visa, desde 2007; me dijo 'podemos empezar contigo y luego traemos a tu familia'. Pensé que era el camino indicado. 'Cuando llegues a El Paso me hablas', dijo, y así empezamos a hacer todo. El 22 de agosto viajamos de México a Chihuahua en avión, mis dos hijos y mi esposa. Y de ahí en camión para Juárez, donde nos quedamos con un primo mío, y al día siguiente crucé a El Paso."

El siguiente lunes pasó el resto de su familia. El carro de Alejandro, su casa y otros objetos de valor, sobre todo sentimental, se quedaron en Torreón. Ya no regresaron a México. Iniciaron el proceso de asilo en octubre y, casi al año de entrar, en agosto de 2011, se los otorgaron. Pasó otro año con esa categoría y solicitó la residencia, que finalmente les concedieron.

"Tenemos casi dos años de residentes. Somos casi de aquí, pero todo esto con la ayuda y asesoría de Carlos. Su familia nos ayudó mucho, él se preocupa por la gente. Es un ángel, es común que en el valle de Juárez atienda familias en su casa. Llegan así, sin nada de nada, y ahí los mete. Los ayuda mucho, también su esposa. Ya me dieron oportunidad de trabajar, me dieron permiso, duré como cuatro años en esa chamba…"

Ahora, Alejandro trabaja en otra empresa y está contento. No es posible mencionar dónde pero está feliz con su familia.

Estaría muerto

Héctor Salazar Gómez y Alejandro Hernández Pacheco, periodistas mexicanos asilados en Estados Unidos, dijeron en entrevista para una cadena estadunidense que en caso de estar en México cubriendo temas políticos o del narcotráfico, ya estarían muertos, de acuerdo con una nota publicada en el portal *Sin embargo*, en noviembre de 2015.

Las estimaciones indican que hay unos 250 periodistas mexicanos refugiados en Estados Unidos, que fueron amenazados, secuestrados, o víctimas de atentados en su país: "Y muchos están aquí buscando comprobarle a Estados Unidos su miedo creíble [de regresar a México]", indica la televisora.

Uno de cada tres asesinatos de periodistas documentados por la Comisión Interamericana de Derechos Humanos (CIDH) ocurrió en México. Sin embargo, muchos más son amenazados y logran sobrevivir como Alejandro Hernández, quien ahora radica en Denver, Colorado. En su momento, antes de recibir asilo en Estados Unidos, el camarógrafo se dijo decepcionado del gobierno mexicano, el cual sólo le ofreció ayuda psicológica.

En la entrevista, el periodista afirmó que su vida y la de su familia seguirían en peligro si Estados Unidos no le hubiera otorgado asilo político. "Allá, en México, estaríamos muertos", dijo.

Otro caso es el de Héctor Salazar, que en 2009 fue privado de su libertad y amenazado por cubrir temas de política en México. Ante su realidad comprobada, el gobierno de Estados Unidos le otorgó asilo político, indica la televisora.

Héctor Salazar Gómez es originario de Yautepec, Morelos, egresado de la Escuela de Periodismo Carlos Septién, y se encuentra exiliado en Denver desde 2007. El 21 de septiembre de 2011, tras dos años de seguir un juicio federal en una corte de migración en Colorado, el periodista recibió la sentencia por parte de la jueza de inmigración, Mimi Tsankov, en la que le notificaba la aceptación del asilo político.

De la basura a las redacciones

A Alejandro, Televisa le ofreció una casa para vivir con su familia. Mediante gestiones del Sindicato Industrial de Trabajadores y Artistas de Televisión y Radio –que agrupa a los empleados de Televisa y medios afines–, sus directivos le anunciaron que lo colocarían en otro medio de comunicación y no regresaría a Torreón porque corría peligro. Más tardaron en comentarle que no se preocupara, que él en darse cuenta de que no iban a cumplir. Cuando empezó a hacer llamadas para ver qué pasaba con su situación, no le contestaban.

A las pocas semanas le dijeron que difícilmente iban a formalizar lo prometido. Así que decidió irse con su familia a Juárez y buscar asilo político en el vecino país del norte. Pronto localizaron al abogado estadunidense Carlos Spector, en El Paso, Texas, con quien tuvieron una conversación telefónica.

"Televisa prácticamente me abandonó. […] 'Si no hay respuesta con la liquidación, porque ustedes me pusieron en esta situación, me voy a poner en el puente de El Paso en huelga de hambre y voy a decir que me abandonaron.' Como que se asustaron, al día siguiente estaba un güey dándome una feria, muy poco pero ayudó. Fue bajo amenazas. De otra manera, nunca me hubieran echado la mano."

Una organización de periodistas hispanos y otra de periodistas negros, así como el organismo de Periodistas de a Pie, de México, lo ayudaron económicamente.

Alejandro Hernández Pacheco tiene 46 años y es periodista desde 1993. En Televisa Laguna, en Torreón,

Coahuila, trabajó desde los cuarenta años. Alto, fornido y de mirada dura, que al mismo tiempo esconde a un niño espantado, trabajó en un canal de televisión, primero en Texas, pero también recogiendo basura, limpiando jardines y haciendo mandados a los vecinos. Le daban un dólar. Así la hizo, de dólar en dólar. Suficiente para comprar algo a los niños y sobrevivir.

"Los primeros meses, el primer año, fue difícil. No podía trabajar, estaba en un lugar extraño. No teníamos cómo mantenernos, nos apoyó la familia, los amigos, también gente buena de acá. Les ayudaba a limpiar el jardín, a sacar la basura, a pintar sus casas, me daban uno o dos dólares para los antojos de los niños. Ellos no tienen la culpa de lo que sucede", señaló Alejandro, en una entrevista que otorgó al semanario *Proceso*, en abril de 2013.

Ahora tiene trabajo formal, en Denver, Colorado, y en lo que le gusta y lo apasiona: el periodismo. Sabe trabajar, salir adelante, luchar y poner por encima de todo a sus hijos y esposa. Ahora está tranquilo, luego de dormir con una tranca en la puerta y despertarse en la madrugada, manoteando y queriendo desatarse de los recuerdos, en medio de las pesadillas.

"Me ha ido bien, esto es lo que sé hacer bien, los mexicanos sabemos trabajar, con eso no hay problema. No es como allá, que tienes que cuidarte de las balas, de los levantones, de todo. Este país [Estados Unidos] ha sido generoso con nosotros, con mi familia."

Con base en un esfuerzo descomunal, superó las consecuencias psicológicas de permanecer secuestrado cinco días y resignarse a la muerte, a manos de un grupo de sicarios del Cártel de Sinaloa.

"Los primeros días, mi esposa dice que dormido trataba de desatarme. Cruzaba un mueble en la puerta para que no entrara nadie. Desconfías de todo mundo, de policías, hasta de tu sombra. Llegando aquí eso fue pasando, porque vives otras cosas, ves otra gente, puedes caminar sin miedo en la noche."

Alejandro está convencido de que su proceso representa una esperanza para los colegas que viven y trabajan con miedo en el país mexicano. Señaló que varios periodistas mexicanos se han contactado con él para que los oriente sobre el asilo, porque temen por sus vidas, como le pasó a él.

"Mi reconocimiento a todos los periodistas en mi país, porque estar allá es ser valiente. Yo dejé el país porque no quiero arriesgarme más, tengo mis hijos y tengo miedo de que se queden solos. Me preocupan sobre todo los compañeros de mi ciudad. Los extraño. Mi solidaridad para los veracruzanos, para todos."

¿No vuelves a México?
No, ya no. Una vez cruzamos a Juárez, cuando me dieron el asilo, no más pasamos por el puente y había camionetas entrando. Eran escoltas o estaban esperando gente. No. Así como entramos, nos regresamos. Decidimos no volver, nos dio miedo. Me da nostalgia, a veces me da más coraje porque aquí está todo muy bonito, pero la verdad extraño mi casita, mi jardincito, mi familia, mis amigos. Los extraño un chingo y todos dicen "No, pues aquí a toda madre", pero no es lo mismo. Me meto al Google Maps para ver mi casa. Nadie tenía derecho de arrancarnos de ahí. Las vacas sagradas de muchos medios

de México, todos me empezaron a tirar: que era un malagradecido con la policía, claro, ellos tienen guaruras y yo nada. No me puse de acuerdo con El Chapo o con la policía. Con nadie. Sólo tenía que salvarme y salvar a mi familia. Extraño mi casa, mi lugarcito, ¿qué necesidad tengo de andar pidiendo ayuda, cambiando a los niños de cuarto, de casa, moviéndonos, cuando allá cada quien tenía su recamarita? Me entra la nostalgia. Murió mi abuelita, mi tía y apechugas porque estás aquí como si no tuvieras papeles y si voy, no regreso. Hay mucha gente dolida, por envidias. Te vuelves conocido, por eso no voy ni pienso ir, aunque pueda. Las ejecuciones siguen y no queremos arriesgarnos.

Unos 452 periodistas en todo el mundo han sido forzados al exilio en los últimos cinco años por temor a ser aprendidos o atacados, haber sido detenidos o víctimas de acoso o violencia, señaló el Comité para la Protección de Periodistas (CPJ).

En su informe anual sobre periodistas en el exilio, difundido este miércoles, el CPJ apuntó que los 452 casos son aquellos en los que ha prestado asistencia a los comunicadores, entre junio de 2010 y el 31 de mayo pasado.

En ese periodo de cinco años, Siria se convirtió en el país con el mayor número de periodistas exiliados (101), seguido de Etiopía (57), con lo que desbancaron a Irán (51) como el país con la más alta cifra de comunicadores en el exilio.

Destacan también en la lista: Eritrea (32), Somalia (25), Cuba (18), Pakistán (16), Sudan (11), Irak (11) y Libia (8).

María Salazar-Ferro, coordinadora del programa de asistencia del CPJ, manifestó que pese a que la atención global se ha enfocado en los secuestros y asesinatos de periodistas internacionales en Siria, los medios de comunicación locales han sufrido "tremendas pérdidas".

"Enfrentando el mismo o mayor riesgo que los corresponsales extranjeros, aunque sin una salida fácil del país, los periodistas sirios han sido forzados a dejar sus empleos, esconderse o cruzar las fronteras, a menudo sin familia y sin posesiones", dijo Salazar-Ferro.

Los periodistas sirios exiliados fueron acosados, amenazados, detenidos o atacados por el gobierno del presidente Bashar al-Assad o por grupos terroristas como el Estado Islámico (EI), o incluso por ambos, antes de que lograran huir del país.

De acuerdo con el informe, sólo 17 por ciento de los periodistas exiliados logra retomar su labor periodística en el extranjero, en tanto que sólo 4.0 por ciento consigue regresar a su país.

Aristegui Noticias/Notimex
17 de junio de 2015

Crimen autorizado

Carlos Spector es un luchador. Por su apellido, parecería un personaje de tira cómica que hace de superhéroe, con capa y máscara. Alguna estrella en la frente o el pecho, colores rojos, azul, amarillo, verde, musculoso e imponente. Mirando el firmamento, con la capa ondulante: temerario, insumiso, valiente, echado para adelante, firme y determinado. O un luchador del pancracio: se recarga en las cuerdas, las escala y salta sobre su oponente, aplastándolo y aplicándole una llave propia de los técnicos, hasta vencerlo. Y sale victorioso, con los brazos en alto, saludando y agradeciendo al público.

Pero no, es un abogado estadunidense que vive en El Paso, Texas. Y más que abogado, un activista defensor de los derechos humanos y buscador de esa quimera que llaman justicia. A pesar de haber nacido en Estados Unidos, es más mexicano que muchos, por defender generosa y solidariamente a los periodistas que piden asilo en el vecino país, con los cuales ha logrado éxito en tres casos.

El litigante empezó hace muchos años. Dicen que en Estados Unidos a los abogados les va bien porque ganan mucho dinero. A Spector, en cambio, no se sabe si la va bien, pero él lucha, defiende a la comunidad latina, y más si se encuentra en una situación de riesgo y peligro de muerte. Empezó atendiendo a víctimas de la violencia por los movimientos revolucionarios en Centroamérica, siguió defendiendo a los que el gobierno de su país pretendía deportar y continuó con los periodistas que huyen, amenazados por el crimen organizado, el gobierno o ambos. Ahora dirige una organización que él y otros fundaron, llamada Mexicanos en el Exilio.

"Son tres periodistas asilados. He ganado tres casos de asilo político: Ricardo Chávez Aldana, Alejandro Hernández Pacheco, de Torreón, Coahuila, y Miguel Ángel Solano, de Veracruz… fotógrafo. Ganamos esos tres", manifestó.

Con un español bastante bueno –su abuela era de Guadalupe Distrito Bravo, Chihuahua–, explica que no ha sido fácil para él ni para quienes solicitan asilo, porque es una lucha larga y por todas las implicaciones que tienen ellos y sus familias, ya que en cualquier momento pueden ser deportados.

"El primer caso que se ganó, y en el que participamos y lo mandamos a Washington, fue el de Jorge Luis Aguirre, editor de un blog que se llama *La Polaka*, en El Paso, y en Juárez… creo que todavía recibe dinero del Estado para el periódico y es el menos crítico de ellos. Hay otro caso que apenas empezamos. Es Emilio Gutiérrez Soto, de Ascensión, Chihuahua, aunque ya no lo representamos. Son cinco casos que hemos trabajado, cuatro de ellos con asilo", dijo.

No hay manera de saber –agregó– cuántos del total que solicitan asilo, que son muchos, lo han logrado, y "muchos no lo hacen públicamente, además de que puede ser un proceso muy cerrado, pero la mayoría de los casos que conozco incluyen muchos periodistas".

Son casos de amenazas del narco, pero también del poder político. ¿Cuál es la principal amenaza?
El Estado, no hay duda. En todos los casos que he atendido fue el Estado. En el de Ricardo Chávez Aldana, quien escribía nota policiaca, estaba denunciado que mataron a sus sobrinos y lo amenazaron a él. A Alejandro Hernández Pacheco los narcos lo arrestaron, pero estaba cubriendo un motín en el Centro de Readaptación Social (Cereso), en Torreón, donde la encargada dejaba salir en la noche a los reos para matar a los contrarios. Y en el caso de Solano, también eran elementos del Estado y, claro, la criminalidad.

El abogado se refiere al reportero gráfico Miguel Ángel López Solano, de Veracruz, quien solicitó asilo para él y su esposa en 2012, en El Paso, Texas, por amenazas de muerte, luego de que su padre y hermano, ambos periodistas, y su madre, fueron asesinados dentro de su casa, el 20 de junio de 2011. Su padre, Miguel Ángel López Velasco, de 55 años, era columnista del diario *Notiver*, y Misael López fotógrafo del mismo medio.

"Es un poco más difícil, pero es lo que llamo crimen autorizado, lo hacen los criminales en complicidad con el Estado y no se puede distinguir si trabajaban por comisión o por omisión. ¿Quién los mató? No hay duda, fue el Estado."

¿Eso facilita el asilo o lo complica?
Depende del caso, pero cuando es el crimen autorizado… ése es el meollo del asunto; cuando es crimen autorizado, los jueces norteamericanos ven las cosas en términos de

blanco y negro, día y noche, parecen trajes de pingüinos: "Crimen organizado es malo, Estado mexicano es bueno". Por eso el Plan Mérida es bueno, pero en este país lo difícil es hacerles ver esa relación entre el Estado y la criminalidad, porque no pueden creer que el crimen organizado existe, no es fácil. Los casos de los periodistas son distintos porque es mucho más fácil comprobar, alguien los vio, son medios de comunicación, es un grupo social protegido por la ley de Estados Unidos. Y cuando es una categoría de asilo, por actividad, raza, religión o grupo social como periodista, te protege, de actores privados o del Estado, aunque no necesariamente se debe comprobar que fue el Estado. Podemos comprobar que es un grupo privado, como los narcos, y que el gobierno no puede controlar. En ese sentido, no se complica. Cuando es periodista es mucho más fácil, cuando es extorsión es otro caso.

¿Qué es lo peor que te ha tocado ver en casos de periodistas? Es difícil. Los tres casos que gané son difíciles. Por ejemplo, López Solano llega a casa y encuentra a su papá, a su hermano y a su mamá asesinados con balazos en la cabeza. En el caso de Alejandro Hernández, el entonces secretario de Seguridad Pública, Genaro García Luna, se adjudica crédito por encontrarlo, cuando fue liberado por los narcotraficantes, y lo anuncian públicamente. Hablan de un operativo fantástico del gobierno federal, cuando los narcos lo soltaron. Él sufrió una impactante tortura y el daño que eso tuvo sobre su familia ha sido muy fuerte.

Revisa el documental *El Paso*. Everardo González, el director, está en Torreón y por dos años entrevistó y siguió a los periodistas asilados. Creo que el peor fue el caso de Alejandro Hernández Pacheco, quien cubría un motín en el Cereso de Torreón. Arrestan a la directora porque dejaba salir a los reos a matar, pero a Alejandro lo secuestran. No publicaron lo que ellos querían. Fue la primera vez que la prensa mexicana fue extorsionada y no hacen lo que quieren. Él pensaba que lo iban a matar, pero en lugar de hacerlo, lo torturan y lo sueltan. Cada uno vivió una pesadilla, lo bueno fue que no mataron a ninguno de estos periodistas, pero sí a la familia de Solano.

Muchos cánceres

Spector tuvo cáncer. En entrevista con la reportera Rosario Carmona, de *Animal Político*, publicada en 2012, señaló que fue "como estar en prisión", ya que no podía hablar ni comer y hasta tomar agua le resultaba difícil y doloroso.

Cáncer en la garganta. Dejó de acudir a su despacho pero entre sus expedientes en proceso estaban los de 73 mexicanos pidiendo asilo político a causa de los riesgos de vivir en un país convulsionado, sin gobierno ni ley.

A continuación, un extracto de la entrevista realizada por Carmona:

"Todo empezó, recuerda, cuando su esposa Sandra y él encabezaron la lucha legal para obtener el asilo político para víctimas de las guerrillas en Centroamérica.

"Su despacho amplió su cartera cuando algunos migrantes los buscaron para impulsar los amparos a sus deportaciones.

"Y así, a costa de tanto pelear contra el sistema legal norteamericano, llegó el primer caso de asilo político para un mexicano, en 1991. Se trataba de un político panista. Ernesto Poblano Ojinaga que no sólo fue el primero en derrotar al PRI en una elección en el norte del país, sino que al desafiar al sistema tuvo que huir por la persecución que se inició en su contra.

"Otro caso más, que marcó su vida, admite el abogado, fue el de un militar mexicano.

"Eran los años de la guerrilla zapatista en Chiapas.

"Justo en 1994, Jesús Valles, un capitán del Ejército destacado en la selva chiapaneca, recibió la orden de asesinar a todos los indígenas que fueran detenidos por participar en el levantamiento armado.

"El militar se negó a cumplir la orden y tuvo que huir del país. El bufete de abogados lo representó en Estados Unidos y obtuvo el asilo. Con el tiempo, la vida del militar, que parecía dar un vuelco, terminó por llevarlo hasta las filas del ejército norteamericano, donde ahora está, 'irónicamente', cumpliendo su vocación.

"Han pasado casi 30 años desde que iniciaron su carrera profesional y su activismo social.

"Y nunca, admite el abogado, imaginó que los siguientes casos que debería representar fueran los de vecinos, paisanos de su abuela."

Cuenta Spector que Maricela Escobedo fue otro de los casos que atendió. Activista en Chihuahua que protestaba por el asesinato de su hija en 2008, fue asesinada a balazos en 2010. Otro, igualmente muy doloroso, fue el de los integrantes de la familia Porras, de Villa Ahumada, que tuvieron que dejar su vida: veintidós en total. Por la extorsión intimidante, todos dejaron escuela, trabajo, viviendas, negocios. Optaron por salvarse y ahora, en esa comunidad, ya no queda nada.

"Lo que estamos viviendo es tan terrible… Cada mes digo que ya lo vi todo y no hay nada que me sorprenda; sin embargo, siempre hay algo peor, más doloroso."

Saúl Reyes, de la comunidad de Guadalupe, en Chihuahua, no puede regresar a ver las tumbas de sus familiares, todos ejecutados a balazos. No puede siquiera dejarles flores y una veladora, o sentarse a rezarles. No puede volver. Hasta las tumbas fueron destruidas por los criminales.

Carlos Spector dejó el despacho momentáneamente, para atenderse con quimioterapia. Cuenta que olía a muerte, por la sustancia reventando sus venas, un napalm incendiario. Fue así que fundó con su esposa Mexicanos en el Exilio, que le permitió conformar un equipo de trabajo que combina lo político con lo legal.

Ya recuperado, no deja de sorprenderse con el rostro de dolor de quienes han acudido a él. Viudas, huérfanos, esposas de hombres a los que les cortaron las piernas, hijos desamparados, marcados para siempre por una injusticia; el llanto frustrante pero nunca a solas, son sus insumos para seguir adelante con su despacho y sus litigios, y afirmar, con certeza y como un golpe de ola de mar: ha valido la pena.

Para Alejandro Hernández Pacheco, el periodista de Torreón, Spector, ese gringo alto y fornido, que parece hablar más fuerte después de ese cáncer superado, es un angelote de la guarda. Sandra y él los recibieron, como a muchos migrantes, en su casa, y todavía siguen haciendo en ese hogar reuniones con quienes el abogado ha ayudado.

"Para todos ha sido como un ángel guardián, el que me salvó la vida de este lado. Casi casi hay que canonizarlo. Lo llegamos a querer mucho y éramos muchas familias preocupadas por su salud. Cuando llega raza que no tiene nada ni nadie, les hace un campito en su casa para sobrevivir mientras se encaminan y consiguen trabajo o ayuda, pero al principio los mete ahí. Eso no se ve en ningún lado. Ese señor y su esposa Sandra son como ángeles. Se preocupan por todo, conocen a todos mis hijos y me preguntan por ellos, por mi hijo Alejandro, por sus nombres."

El Paso

En el documental *El Paso*, las primeras letras espantan, tanto o más que las imágenes y los sonidos de la triste nostalgia, cómplice del destierro y la injusticia: de acuerdo con datos de la Organización de las Naciones Unidas para Refugiados, alrededor de catorce mil personas huyeron de México por la violencia en 2014 y solicitaron asilo en Estados Unidos.

La cifra es 39 por ciento mayor a la que se tuvo en 2013. Además, cada 26.7 horas se agrede a un miembro de la prensa en este país.

El Paso, dirigido por Everardo González Reyes, trata sobre la vida de dos periodistas y sus familias que viven en El Paso, Texas, tras haber sido amenazados de muerte o padecer condiciones que pusieron en peligro sus vidas, en Chihuahua y Coahuila. El documental es uno de los 14 presentados del 4 al 10 de noviembre de 2015 en la Ciudad de México, en el Certamen Internacional de Cine Documental sobre Migraciones y Exilio.

México –asegura– es el octavo país más peligroso del mundo para los periodistas y el primero en todo el continente.

Se escucha una voz en *off*. Es la de Spector, quien asegura que en México narcotraficantes y gobierno pretenden silenciar a los que se quejan, pero también a los que vinculan la queja con lo político. Advierte, sentado en una oficina o una sala, que además de las burlas que sufren los migrantes en busca de asilo, el gobierno estadunidense retrasa, por burocracia e insensibilidad, los juicios en los que se solicita asilo político, en este caso, de periodistas y sus familias, los cuales, mientras se resuelve su situación jurídica, permanecen en el limbo.

Entra a cuadro Ricardo Chávez Aldana, a quien le mataron dos sobrinos luego de que denunció las arbitrariedades del narco y de las autoridades, la venta de drogas, la complicidad. Su familia –incluidos hermanos, madre, hijos y esposa– fue amenazada de muerte. "Soy Ricardo Chávez Aldana. Soy reportero", dice y se voltea. En esa mirada están los dardos de la nostalgia, de un corazón mexicano que no tiene lugar allá y no puede regresar a su país.

Spector hace una llamada, una pregunta, como si la planteara cada vez que llama con su interlocutora, a quien no se identifica: ¿qué tienes en el campo?, cuestiona, y la mujer le contesta que hay una joven de dieciséis años, hija de un líder de las autodefensas en México, que pide asilo. Se ven otros casos, un repaso veloz. Clic.

El exilio –dice el abogado y activista– es un huésped muy caprichoso, y cada uno de los que acuden a él traen sus traumas, sueños, ilusiones, temores y nostalgia: la clave está en decidir cómo renacer en un país que no es el de uno, mientras llevas a México en el alma.

La esposa de uno de los periodistas dice que extraña la vida en Juárez, ciudad fronteriza de Chihuahua. En el barrio donde ellos vivían no tenían vecinos, sino familia, podían estar platicando en una esquina, en la calle, hasta las dos o tres de la mañana, sin temor ni problemas. Eso ya no existe.

Chávez –quien ingresó a Estados Unidos el 9 de diciembre de 2009– aparece con gorro y un peto blanco. Mueve un trapeador, en el restaurante de El Paso, El Chico Taco. Recoge los platos, vacía una charola con basura en un recipiente más grande y lleva la bolsa a los contenedores externos. Limpia y limpia. Vuelve a limpiar las mesas y a pasar el trapeador. Ahí quedó, entre esas mesas y ese piso reluciente, atrapada, la vida de un periodista que no reporteaba el silencio, que criticaba, denunciaba, replicaba la voz de la gente en su medio de comunicación. La solicitud de asilo es, por lo pronto, para él y sus cinco hijos, el limbo.

Cuando llegó a la garita del lado gringo, se presentó con los de migración y quedaron detenidos. Él, después de unas semanas, salió con los niños y su esposa. A la hermana, que también iba con ellos, madre de los dos jóvenes asesinados, la mantuvieron presa durante meses. La trataron como criminal, denuncia Spector.

"El problema es qué sigue ahí… año y medio después nos dieron un permiso de trabajo", dice Chávez; el abogado lo secunda y da ánimos: "Exiliados pero no olvidados, es el lema de Mexicanos en el Exilio."

Un niño de doce años escucha la entrevista. Es hijo de Ricardo: Spector lo ve y le pregunta cómo se siente: "Triste y enojado."

Ojos de este tiempo

"Supe que llegó un amigo a Estados Unidos, un cuate que conocí en Juárez hace muchos años. En 2010 filmé allá y me movía dentro de la fuente policiaca; mi amigo era Horacio Nájera, entonces corresponsal en el norte, y salió exiliado en la primera camada de juarenses hacia acá. Cuando hablé para mi documental con él supe que se dedicaba a cortar jardines, y la imagen que se me vino era que él fue prensa y estaba viviendo en un país que no pidió, trabajando en algo que no conocía; fue muy fuerte saber cómo las cosas cambian por decisiones de otros y me hizo pensar en el valor que tiene la prensa", dijo Everardo González.

El cineasta mexicano manifestó que vale la pena hablar de libertad de expresión y de los golpes que reciben los periodistas; que, en realidad, son golpes que afectan a toda la sociedad.

¿Hay una responsabilidad moral de los artistas, cineastas, en sacar de la invisibilidad este tipo de fenómenos, difundirlos aquí y en el extranjero?
No sé si es responsabilidad, me gusta pensar que sí, sobre todo filmando en países tan convulsos como éste. Es cierta responsabilidad ser ojo de este tiempo, dejar testimonio para el futuro del tiempo que nos tocó vivir. Y aunque no todos lo hacen, sí creo que hay muchos cineastas que tienen este compromiso. Para mí lo es. Lo es ahora.

González manifestó que entre las primeras dificultades a las que se enfrentó para hacer este filme está meterse en la vida de dos familias amenazadas de muerte: primero, convencer a dos familias amenazadas de muerte para que aparezcan, no sólo porque puede ser un proceso y se traba, sino porque éticamente generó muchas dudas, si era correcto o no, si se les ponía en riesgo o no. Ésa fue la principal dificultad, las decisiones que debí tomar para no dañar a nadie con esta película

Hay impunidad, corrupción y violencia contra periodistas, ¿dónde queda el gobierno?
Pues el gobierno está obligado a garantizar la seguridad del ciudadano y a garantizar que se ejerzan los derechos. Ellos tienen mucha responsabilidad, son parte de la sociedad... pero son los procuradores de justicia y deben proveer para todos una sociedad digna. Ésa es la parte que yo veo, no lo hacen, no protegen a los ciudadanos, más allá de corruptelas y otras cosas. Esencialmente, están obligados a que los derechos se respeten y apliquen:

derecho a la vida, a la libertad de expresión, a la información. Es una obligación del Estado.

Ni de allá

A Spector le duele especialmente ese momento de indefi-
niciones, que golpea el estado anímico de periodistas que
buscan y esperan asilo, con sus familias: "Generalmente,
el exilio puede definirse como un purgatorio, una incertidumbre temporal, pero estás por dos o tres años en una
situación en la que no sabes si te quedas o te deportan,
si te dan o no los papeles. Estás como la India María, no
eres de aquí ni de allá... pocos siguen trabajando en su
medio, el exitazo es Alejandro (Hernández Pacheco), que
sigue trabajando como camarógrafo."

Otros, de aquel lado del río Bravo, hacen y venden pan, atienden un puesto de comida mexicana, cortan
el césped, recogen la basura de patios de los vecinos y
limpian mesas en cualquier restaurante. Y esperan, esperan, esperan. Son profesionales de la esperanza y no
tienen país.

México es uno de los países más peligrosos para los periodistas. El país es considerado no libre para la libertad de expresión debido a los ataques violentos por parte de grupos criminales y la impunidad que padecen los comunicadores, según el informe Libertad de la Prensa 2016, de Freedoom House.

En América Latina, la organización identifica cinco países como no libres: México, Ecuador, Venezuela, Cuba y Honduras.

Los países libres son Canadá; Estados Unidos; Belice; Costa Rica; Surinam; Guyana Francesa; Chile y Uruguay.

México volvió a retroceder un lugar en el *ranking* internacional de libertad de expresión, para colocarse en el 64 de cien países en 2016. El año pasado se ubicó en el 63 y en 2014 en el sesenta y uno.

Según el reporte, los periodistas mexicanos enfrentan acoso, intimidación y ataques físicos, también la autocensura en las zonas más afectadas por el crimen organizado, si tratan temas sensibles para las esferas políticas como corrupción.

Pese a esto –dice Freedom House en México–, al igual que Brasil y Colombia, los comunicadores realizan periodismo de investigación.

Éstos son los aspectos en los que México "reprueba" en libertad de expresión, según el reporte.

Animal Político
27 de abril de 2016

Aspectos por entender

Rossana Reguillo es de las pocas académicas en el país que le entran a revisar los temas de narcotráfico, crimen organizado, violencia, cobertura periodística, poder político y papel de las mafias económicas en el mapa nacional. De baja estatura y muy delgada, hiperactiva como su sonrisa, y tan productiva como ese trajinar entre viajes, libros, conferencias y cátedras.

Dice que el periodismo se ha deshumanizado y contribuido a la normalización de la violencia, pero que la falta de un buen periodismo, de investigación y con ingredientes éticos, provoca que la ciudadanía no tenga elementos suficientes para darse cuenta de lo que pasa en sus regiones y en el país. Por otro lado, lamenta la carencia de periodismo en Tamaulipas y otras regiones, y ubica al Estado mexicano como ausente y, al mismo tiempo, ejecutor de amenazas y actos represivos contra los comunicadores.

Ante esto —asegura— : la presencia del narco, ese poder de facto y esa máquina de muerte, manda en las redacciones de los medios de información. Y cómo no: si lo hace también en otros ámbitos de la vida en esas ciudades y esos pueblos, y en buena parte del país.

"Diría que hay un diagnóstico homogéneo. Si hablamos del periodismo en general, hay zonas en las que los periodistas hacen un trabajo estupendo en condiciones de riesgo pavoroso y ponen en peligro su vida. Como esta zona de Veracruz, donde este sábado [14 de mayo de 2016] asesinaron a otro periodista, es indignante."

En los estados, en pequeñas ciudades, hay periodistas haciendo un esfuerzo sobrehumano por cubrir con un mínimo de decencia lo que sucede. Tienes un periodismo complaciente, por no llamarlo de otro modo, da muchísima vergüenza, no alcanzan las palabras para calificarlo. Ahí pondría todo este circuito que estuvo atacando el trabajo de los expertos internacionales que investigaron la desaparición de los 43 normalistas de Ayotzinapa y ya ni siquiera les preocupó disimular.

Luego hay otra clasificación: las zonas en las que el periodismo ha desaparecido, como Tamaulipas, donde no hay manera de hacer un trabajo periodístico de un tipo ni de otro. Finalmente, hará una cuarta mención, donde colocaría la emergencia de los medios libres, sobre todo digitales, muchos de ellos dirigidos, administrados por jóvenes, muchos de ellos provenientes de la irrupción del YoSoy132 que ha compensado la vergüenza que provoca un periodismo oficioso.

¿Qué consecuencias se dan en el periodismo por la ausencia del Estado mexicano?
Creo que severas. En términos generales, se puede hablar de un repliegue del Estado, políticamente hablando. Recula ante sus responsabilidades fundamentales en torno a la seguridad, la libertad de expresión y el derecho a la vida. Incluso, de los y las periodistas. A mí me parece que la figura del Estado, en un sentido académico o monolítico, está resquebrajada: sabemos que en

muchos lugares el Estado colapsó por las estructuras del crimen organizado, como en Ayotzinapa, donde el poder policiaco estatal, delincuencial y empresarial, la narcomáquina, actúa de manera articulada. Es muy difícil, pero si nos acogemos a una concepción del Estado como garantía de la seguridad de una nación y de un país, su papel frente al deterioro social y para defender el periodismo es patético, porque deja a la gente en profunda indefensión y, al mismo tiempo, el Estado se convierte en operador de la amenaza y de la censura. Entonces, es un círculo vicioso.

¿Crees que este poder de facto político, económico o criminal, manda en las redacciones?
Creo que no en todas, indudablemente. Pero sí me parece que este poder de *facto,* como lo llamas manda a lo mejor no de manera directa —hay que recordar el caso del *Diario de Juárez,* aquel polémico editorial que decía: qué quieren que publiquemos—, para que haya una aparente rendición ante el terror. Entonces hay lugares del país en que el crimen organizado, la estructura de esa maquinaria de muerte, domina no sólo la dinámica de la información, sino otros aspectos de la vida cotidiana de la sociedad; no tienen necesariamente que mandar de modo directo o comprar a ciertos jefes de redacción, o periodistas. Simplemente, hacen evidente su poder de muerte y creo es el caso de Tamaulipas, donde el ejercicio del periodismo se fue replegando por falta de condiciones adecuadas.

Reguillo tiene tos. Eso explica tantas palabras e ideas que se le atoran en la garganta y sobre su pecho. Todo en ella es pasión, vehemencia y enjundia. Si van al abismo, dice a los periodistas valientes, yo voy con ustedes.

Es investigadora nacional y miembro del Sistema Nacional de Investigadores, nivel II (SNI), miembro de la Academia Mexicana de Ciencias, así como profesora-investigadora y coordinadora del Programa Formal de Investigación en Estudios Socioculturales del Departamento de Estudios Socioculturales del ITESO, en Guadalajara, donde acaban de nombrarla maestra emérita.

Estudió la licenciatura en Ciencias de la Comunicación, la maestría en Comunicación por el ITESO y es doctora en Ciencias Sociales, con especialidad en Antropología Social. Ha sido profesora invitada en diversas universidades de Latinoamérica, España y Estados Unidos. También Thinker Visiting Profesor en el Center for Latin American Studies, de la Universidad de Stanford, y Catedrática UNESCO en Comunicación en 2004, en la Universidad Autónoma de Barcelona y en la Universidad Javeriana, en Bogotá, Colombia.

Obtuvo el Premio Nacional de Antropología a la Mejor Investigación, otorgado por el Instituto Nacional de Antropología e Historia (INAH) en 1995, y el Premio Iberoamericano a la Investigación Municipal y Regional, otorgado por la Unión de Ciudades Capitales, en Madrid, en 1996. Es autora de varios libros, entre ellos *La construcción simbólica de la ciudad. Sociedad, desastre y comunicación; Ciudadano N. Crónicas de la diversidad,* y *Estrategias del desencanto, la emergencia de culturas juveniles latinoamericanas.*

Recientemente, fue víctima de acoso en redes sociales, por sus posturas críticas en torno al conflicto de Ayotzinapa y al gobierno de Jalisco. El 26 de febrero, después de participar en un mitin por los normalistas en Guadalajara, Rossana Reguillo pasó de ser una investigadora sobre violencia, juventud y construcción del miedo, a ser otra mexicana amenazada de muerte.

"Bas a baler verga aki esta tu direcion pinche maestrita de kinta", "Vas a llorar sangre", fueron algunos de los mensajes que la integrante de la Academia Mexicana de Ciencias recibió por medio del Twitter. El 3 de marzo presentó una denuncia ante la Procuraduría General de la República (PGR), la cual ratificó días después con el número 1065/2015. El caso también ha sido ingresado al Mecanismo de Protección para Personas Defensoras de Derechos Humanos y Periodistas.

Para Reguillo, investigadora en el Instituto Tecnológico de Estudios Superiores de Occidente (ITESO), no hay duda: "Tenemos fuertes indicios de que se trata de granjas de bots y de agencias de redes que trabajan para el Gobierno estatal", declaró al diario *Reforma,* vía telefónica.

Lo mismo consideró uno de sus abogados, Jesús Robles Maloof, miembro del colectivo de activistas digitales Contingente Mx, quien señaló que "cuarenta mensajes se han hecho desde cuentas que pertenecen a una empresa que promociona acciones del gobierno de Jalisco".

Y ahora está aquí, sentada en su estudio y sin dejar de toser: las palabras tienen prisa y se agolpan, ese alboroto que se genera en sus hemisferios cerebrales empuja, atorado en su garganta, de la que emerge una voz ronca, firme y segura.

¿Cuáles son las consecuencias de este no periodismo, de esta no investigación, de este no ejercicio libre del derecho a la información?
Pues son gravísimas. Desde diversos puntos de vista, creo que la situación por la que atraviesa el país, que es de verdad muy grave principalmente en el mapa de la violencia, es complicada en la medida en que no se generan las condiciones necesarias para que la sociedad reflexione sobre sí misma, y para asumir el tamaño del desastre que experimentamos.

Las grandes cadenas de medios informativos a nivel nacional han abandonado poco a poco la cobertura de esta guerra, porque vivimos un estado de guerra. Eso genera en la gente la falsa creencia de que lo que sucede en Juárez, en Tamaulipas o en Guadalajara, no corresponde a un contexto nacional, o son hechos aislados que no nos conciernen. Diría que el trabajo episódico que hacen muchos grandes medios de comunicación sobre los hechos violentos es muy grave, porque, como lector promedio y televidente promedio, la gente no asimila; entonces, pueden matar 30 veces al Mencho (Nemesio Oseguera Cervantes, líder del Cártel Jalisco Nueva Generación) y agarrarlo 35 veces, y la gente no alcanza a entender la genealogía, las líneas ni los grupos que operan en el país, porque hay una especie de renuncia implícita a un trabajo de investigación más serio que mantenga el tema en las primeras planas.

Me llama mucho la atención el tema de la deshumanización, creo que nosotros nos hemos deshumanizado como periodistas respecto a la cobertura porque contamos muertos, publicamos el número de asesinados en una jornada violenta, y así deshumanizamos a la sociedad mexicana, la vacunamos contra el dolor, ¿te parece?

Creo que no hemos sido capaces de debatir de manera profunda como sociedad. Por un lado, hay un crecimiento de la espectacularización de la violencia; incluso algunos medios serios de repente pierden el tono y parecen querer vender más sangre y esto genera un efecto de normalización. Como el ejecutómetro: "Narco treinta muertos", "narco veinte muertos"; es como perder el análisis de fondo de lo que significa una vida cegada por el narco, por esta guerra, esta barbarie que no tiene por dónde agarrarse de manera racional y muchas cosas uno no las entiende.

Pero, por otro lado, me parece que hay una especie de prurito en algunos otros medios para, digamos, hablar de manera desnuda, que no significa pornográfica, de lo que acontece. Entonces, creo que no debe darse cuenta de cómo el aparato de muerte se ha diversificado por medio de torturas cada vez más brutales, mensajes sobre los cuerpos arrojados, etcétera. Creo que es un error, porque eso genera la sensación de que es lo mismo morir baleado que desollado. Creo que nos ha faltado vocabulario, debatir esto: ¿Hasta dónde lo muestras?, ¿cómo nos ayuda a pensar?, no el detalle pornográfico de la muerte, sino el hecho mismo de cómo se ha ido haciendo más sofisticada esta violencia. Y, por otro lado, también me parece que, salvo raras excepciones, no se recuperan las historias de fondo. Detrás de cada uno de estos actos de barbarie, todo da lo mismo o al revés: "Es que la violaron porque era narcosatánica", "lo mataron porque era narco", es algo que genera un país de muertos buenos y malos, de víctimas malas y buenas. Eso no ayuda a entender que el victimario y la víctima son personas.

Debemos entender estas cuestiones porque los victimarios no emergen de la noche a la mañana. Lo que sucede cotidianamente en el país trabaja para generar sicarios monstruosos. El periodismo debe preocuparse por hacer visible esto.

Si te preguntan desde el punto de vista ético cuál es la crítica o la autocrítica que harías a los medios, ¿qué dirías?
La decisión ética la toma uno todos los días. Hay que pensar los desafíos éticos que enfrenta el periodismo institucionalizado y el valiente: todos los días hay conflictos éticos y se bordean los límites. No creo que frente a la situación que atravesamos sea posible trabajar con un manual completamente cerrado de ética periodística, pero al mismo tiempo lo que no está del todo claro es esa ética... todo lo que reveló la controversia de la entrevista de Sean Penn a El Chapo.

Creo que, por poner una imagen sencilla, todos nuestros sistemas éticos están colapsados porque esta guerra no tiene límite alguno, no hay límite en cómo están operando. Si estás frente a una guerra convencional, hay bandos y fronteras perfectamente identificables, porque las coordenadas son fijas; pero ahora no hay fronteras, no hay grupos claramente delimitados, no se sabe dónde empieza el gobierno y dónde el narco. Es un desastre, es un nudo muy difícil de desentrañar y eso genera problemas éticos muy serios; me parece que el famoso Pacto por México en comunicación –que firmaron los grandes medios, como Televisa y Tv Azteca– no se consolidó porque planteaban no hablar sobre narcomantas, pero ¿qué haces con eso?, ¿es una posición ética? No estoy tan segura. Pero quiero saber qué dicen las narcomantas en este país, no para darle credibilidad a esa gente, sino para saber los nudos problemáticos de las amenazas. En síntesis, lo que creo necesario es tomar aire y repensar estas cuestiones muy a fondo, cuáles son los límites éticos del ejercicio periodístico en contextos de crisis.

Creo que en este periodo de muchos años de violencia y narcoviolencia, el Estado ausente tiene mucho impacto en el trabajo periodístico, pero nosotros no hemos sido capaces de revisar esto, hay mucha resistencia en los medios de comunicación y entre los periodistas respecto a hacer esta revisión: cómo trabajamos, las coberturas, la solidaridad, la ética. Y si no reconocemos los conflictos, no podemos enfrentarlos. Totalmente de acuerdo. Las consecuencias más terribles de esta barbarie, de esta guerra, es que colapsó nuestros sistemas interpretativos. En ese sentido, el trabajo de la academia es muy lento y el trabajo del periodismo de investigación no logra una interpretación clara que nos saque del miedo, del susto. A cualquiera le puede pasar. Es un problema de nuestra manera de interpretar la realidad.

¿Ves a la ciudadanía acompañando al escaso periodismo valiente en este país?

Sí, guardando un optimismo moderado, hay una sociedad que respeta y cobija a sus periodistas más valientes y comprometidos en esta situación, de manera más clara y contundente, pero también me parece que falta más presencia. Hay algo que está roto: el tejido de este país. Todo conspira cotidianamente para pensar que esta guerra es hereditaria, fue algo de lo que se encargó Calderón, de construir un ambiente de irritabilidad… esto de los daños laterales, las muertes necesarias. Veo una ciudadanía que aplaude y cobija este trabajo, pero en términos mayoritarios, a nivel nacional, no veo que esto tenga impacto en términos cualitativos como debería. Por ejemplo, al asesinato de periodistas que no se resuelve, la gente en su mayoría debería estar en la calle, y sin embargo esto no sucede.

Los académicos, las instituciones universitarias han perdido espacios para discutir el tema del narco y el ejercicio de la política, pero no dan la cara y parecen no asumir el compromiso social de estudiar estos fenómenos.

Me la paso criticando a esos académicos de cubiculo — así, sin la tilde— que no salen a la calle ni se ensucian, no tocan con las manos lo que sucede. Me parece que la aproximación oblicua que muchos académicos usan para acercarse, estudiar esos temas, no contribuye a generar las articulaciones y las inercias que deberían construirse de manera muy sólida entre academia y periodismo. Uno de los pocos ejemplos es la revista *Anfibia*, de Cristian Alarcón, preocupada por los temas duros y fuertes, que deberían ser trabajados simultáneamente por académicos y periodistas, lo que generaría una información muy importante para entender. No hay espacios semejantes en México. El hecho de que los rectores de las universidades públicas y privadas no hayan salido a conformar un frente de exigencia, de cese a la impunidad, a esta guerra terrible, te habla por supuesto de que todavía son temas que no contaminan los muros universitarios, pese a que muchas de estas violencias están dentro de los campus y los recintos del saber.

También debo decir que somos unos cuantos (académicos) en el país dispuestos a caminar con ustedes hasta el acantilado. Nos preocupa su trabajo porque nos alimentamos de él y nos interesa compartirlo, porque así uno desarrolla un trabajo de investigación más pausado, que es el que permite la academia.

México, letal para el periodismo

El único "delito" que cometió Jorge Martínez para que su agresor lo moliera a golpes y casi lo matara, fue ejercer su trabajo periodístico. Creyendo en la quimera del periodismo libre, Jorge hizo lo que sabe hacer mejor: investigar y publicar con objetividad temas de interés social en su natal Tacámbaro y terminó con lesiones graves en la sala de un hospital.

Su agresor, Manuel García Barragán, hijo de un prominente empresario gasolinero de esa localidad, sólo esperó el momento de encontrarse con el periodista. Fue cuando Jorge paseaba con su nieto en la plaza principal. Allí lo tundió. Tras el reclamo por lo publicado en un medio estatal, se le abalanzó. Le destrozó la cara a golpes. Las patadas que le propinó –ya en el piso– le causaron lesiones que ponen en riesgo su vida. Lo dejó por muerto en medio de un charco de sangre.

La autoridad federal ha actuado de manera lenta. No hay celeridad del Mecanismo de Protección para Personas Defensoras de Derechos Humanos y Periodistas, de la Secretaría de Gobernación. Desde allí no se ha dictado ninguna medida para satisfacer al comunicador. Un juez local recomendó acciones cautelares para salvaguardar la integridad del periodista y la seguridad de su familia.

En lo que va de 2016, la agrupación Casa de los Derechos de Periodistas, a través de sus enlaces en los estados, ha documentado ya al menos 24 agresiones a comunicadores. El caso de Jorge Martínez se suma a esa lista, que hace que México sea el país más peligroso de América Latina y el cuarto a nivel mundial para el ejercicio periodístico.

Una profesión de alto riesgo
Durante 2015, México escaló dos posiciones entre los países que mayor riesgo representan para los periodistas. Pasó de ser el país número 6 a colocarse en la cuarta posición, apenas debajo de Irak, Siria y Filipinas, en cuanto a agresiones a periodistas.

De acuerdo a datos de la Secretaría de Gobernación (Segob), durante 2015 se registraron 152 agresiones a trabajadores de medios de comunicación, las que –tras un largo proceso de revisión– ameritaron otorgar medidas cautelares para los comunicadores, las que van desde el otorgamiento de botones de pánico hasta la designación de escoltas personales.

De esa forma, México se convierte en el primer país del mundo que tiene que mandar a los reporteros a ejercer su labor periodística bajo custodia oficial, según revela un colaborador de la organización Artículo 19, en donde se han documentado 6 agresiones a periodistas, apenas en el inicio de 2016.

Los estados de Veracruz, Guerrero, Oaxaca y Tamaulipas son las entidades que repuntan en cuanto al número de agresiones a periodistas.

Reporte Índigo
8 de febrero de 2016

Periodismo desechable

¿Se ha convertido el periodismo en una actividad desechable? Es la pregunta que se le hace a Wilbert Torre, periodista y escritor, autor de libros como *El despido* –que narra, centralmente, el cese de Carmen Aristegui de MVS–, *Todo por una manzana, Obama latino* y *Narcoleaks;* vivió muchos años en Estados Unidos y ahora reside en la Ciudad de México. Nunca, pero nunca, ha dejado de escribir sobre su país, que es el nuestro, y los grandes problemas que lo aquejan.

No duda en responder. Sí.

Los medios de comunicación y los reporteros son desechables: un acuerdo entre la autoridad –municipal, estatal o federal–, las presiones de un grupo político, un candidato o dirigente de un partido, la extorsión empresarial y del mismo gobierno –primero uno y luego otro, o al revés– y, por supuesto, las negociaciones. El resultado de esto, es el mismo: medios de comunicación que mueren, periodistas despedidos, comunicadores acusados y exhibidos públicamente. El destierro, siempre el destierro, aunque el reportero se quede a vivir donde siempre.

"Me parece que sí, son o somos desechables en cuanto no se cumple la tarea o se asume la visión que nos corresponde dentro de una sociedad, porque es una especie de puente entre la sociedad y los gobiernos; se ha debatido acerca de si somos jueces, si los medios resuelven los problemas del país, si deben investigar o son ministerios públicos. No, claro que no. No es nuestra responsabilidad ser jueces, pero sí la de ser una especie de faros que alumbren sobre hechos en los que evidentemente hay muchos intereses intentando ocultar lo que sucedió, como en Ayotzinapa.

"Para mí la principal evidencia de la manipulación de la investigación en el caso de los 43 normalistas desaparecidos es cuando Murillo Káram (hoy ex procurador General de la República), abogado y priísta de largo recorrido, declara que hay una 'verdad histórica' cuando existen varias investigaciones. Es un carpetazo. Quieren proteger a alguien, en este caso el Ejército Mexicano."

Lamentablemente –agregó–, en México estamos viviendo, la sociedad en general, un periodismo desechable y tóxico que no informa ni revela: muy lejos de lo que hicieron, por ejemplo, Julio Scherer –director y fundador de la revista *Proceso*– y Miguel Ángel Granados Chapa: ejercer un periodismo cerca de la sociedad.

Antecedentes de un cese

Hubo dos versiones del despido de Carmen Aristegui, la comunicadora y analista más influyente y con mayor presencia en el país, de la cadena de medios MVS. De un lado, lo que argumentó la empresa y justificó como un asunto administrativo, particular e interno, entre una manera de comunicación y una persona contratada para los segmentos informativos. Y ya. Con esta explicación quiso reducirlo a un litigio privado, de corte empresarial, despreciando el impacto social –tratándose del noticiario radiofónico más escuchado a nivel nacional–, y el papel que en el conflicto tuvo el gobierno del presidente priísta Enrique Peña Nieto.

La otra versión es la que insiste en el papel de los negocios de esta firma empresarial y, por supuesto, la mano negra del gobierno federal, que desnuda la política de comunicación de la administración peñista: las multas, las concesiones, los privilegios, encima y, al fondo, abajo, asfixiado, el periodismo.

Aristegui y su equipo de periodistas, entre ellos Daniel Lizárraga e Irving Huerta, publicaron un reportaje sobre la llamada Casa Blanca, en noviembre de 2014. La historia fue publicada en el sitio de internet Aristegui Noticias, porque, de acuerdo con versiones extraoficiales, fue censurado en MVS. La noticia era –y es– un mare-mágnum: un tornado sobre una administración federal y el uso de los recursos públicos y la adjudicación de la obra desarrollada, así como el tráfico de influencias y el pago de jugosos favores.

La casa, un castillo urbano ubicado en Las Lomas de Chapultepec, en la Ciudad de México, con un valor aproximado a los siete millones de dólares, fue construida "al gusto" de Angélica Rivera, esposa del mandatario, y de él mismo. La empresa que la edificó fue el Grupo Higa, una de las más favorecidas con licitaciones de obras realizadas por el gobierno federal, entre ellas el tren México-Querétaro, que tuvo importantes y millonarias adjudicaciones cuando Peña Nieto fue gobernador del Estado de México.

A continuación, un extracto del reportaje, publicado el 9 de noviembre de 2014, en el sitio Aristegui Noticias (AN):

El pasado jueves 6 de noviembre, el Gobierno mexicano revocó, de manera sorpresiva, el fallo de la licitación del **Tren de Alta Velocidad México-Querétaro**, ganada por un consorcio liderado por la empresa **China Railway Construction Corporation**, propiedad del gobierno chino, y en el que figuraban tres empresas mexicanas vinculadas estrechamente al PRI y al **presidente Enrique Peña Nieto**.

Una las empresas nacionales era **Constructora Teya**, que pertenece a **Grupo Higa**, la cual edificó obras millonarias para el Estado de México cuando Peña Nieto fue su gobernador. Grupo Higa, propiedad del empresario **Juan Armando Hinojosa Cantú**, también alquiló aeronaves al PRI para la campaña presidencial de 2012, a través de su filial Eolo Plus.

Sin embargo, hay algo más que demuestra la estrecha relación de Peña Nieto con Grupo Higa: una casa en **Lomas de Chapultepec**, en la Ciudad de México. Es la **"casa blanca"** de Enrique Peña Nieto.

Esta es la historia:

En mayo de 2013, los lectores de la **revista** *¡Hola!* –habituados a conocer de las vidas y propiedades de la élite y el *jet set* internacional– se toparon con un reportaje que la publicación calificó como **"excepcional e histórico"**.

Al recorrer sus páginas, pudieron observar grandes fotografías de una lujosa y moderna residencia ubicada en Lomas de Chapultepec, una de las zonas de más alta plusvalía en la capital mexicana, que servían de marco para presentar una amplia entrevista con la actriz **Angélica Rivera**, esposa del presidente Peña Nieto.

La revista detalló que era "… su primera entrevista como primera dama de México. Cálida y cercana, recibió a *¡Hola!* **en su residencia familiar,** donde no sólo aceptó posar para nuestra cámara, sino también responder a todas y cada una de nuestras preguntas, sin miramientos y con total sinceridad…".

Rivera habló del amor a su marido, de los seis hijos de ambos y… de la casa:

"En nuestra casa llevamos una vida lo más normal posible. Les he hecho saber que Los Pinos nos será prestado sólo por seis años y que su verdadera casa, su hogar, es ésta donde hemos hecho este reportaje."

Una investigación de varios meses realizada por este equipo de periodistas, con el apoyo de la plataforma de periodismo latinoamericano **Connectas** y el **International Center For Journalists**, pudo confirmar que la residencia se ubica en **Sierra Gorda número 150** y que no está registrada a nombre de Enrique Peña Nieto, tampoco al de Angélica Rivera ni a los de sus hijos.

La residencia –con un valor aproximado de 86 millones de pesos, unos **7 millones de dólares** (al tipo de cambio de julio pasado), según un avalúo independiente contratado para esta investigación– es propiedad de **Ingeniería Inmobiliaria del Centro**, una empresa que pertenece a **Grupo Higa.**

Grupo Higa, a través de su filial **Constructora Teya**, integra el consorcio de empresas nacionales y extranjeras al que le fue revocada la licitación para **construir el tren de alta velocidad México-Querétaro.**

La investigación comprueba que el **Estado Mayor Presidencial (EMP)** resguarda la casa de Sierra Gorda 150, y que el presidente Enrique Peña Nieto y su esposa participaron, personalmente, con el arquitecto que diseñó la residencia, para que el trazo se ajustara a sus **necesidades familiares.**

La casa tiene estacionamiento subterráneo, planta baja y nivel superior con tapancos. Un elevador conecta todos los niveles. El jardín tiene sala y comedor techados. En un inicio, la azotea tenía jacuzzi y bar, pero la casa ha sido modificada en esta área.

La planta baja tiene piso de mármol. En el primer piso, están las recámaras: en un ala están seis para los hijos de la familia, mientras que en la otra está la habitación principal con vestidor, baños separados y área de *spa*.

El color blanco cubre toda la casa, la cual tiene un sistema de luces para crear ambientes: puede tornarse rosa, naranja o violeta. Desde la calle pueden observarse las dos palmeras que crecen en el jardín.

El diseño de la residencia estuvo a cargo del arquitecto mexicano **Miguel Ángel Aragonés** y sus fotos aún se exhiben en www.aragones.com.mx, con el título **"Casa La Palma".**

Los planos están disponibles en el portal archdaily. com, llevan el logo de Aragonés y la ubican en la calle Sierra Gorda. También muestran una fecha: **octubre de 2010**, un mes antes de que Peña Nieto y Rivera se casaran.

Los interiores que exhibe el portal web de Aragonés son los mismos donde Angélica Rivera posó para *¡Hola!* La sala, los escalones y los muebles son idénticos en ambas imágenes.

El arquitecto Aragonés confirmó que diseñó la casa del Presidente en una entrevista que dio al periodista **Alberto Tavira**, en el programa *Los despachos del poder*, de TV Azteca. El programa se transmitió el **26 de octubre de 2013**.

El 12 de noviembre de 2008, el entonces gobernador Enrique Peña Nieto confesó en el **programa *Shalalá*, de TV Azteca,** que conducían Sabina Berman y Katia D'Artigues, que él y Angélica Rivera eran novios.

Y exactamente un día después, el **13 de noviembre de 2008**, fue constituida **"Ingeniería Inmobiliaria del Centro"**, dueña legal de la residencia que Peña Nieto mandó diseñar en Lomas de Chapultepec para la familia que más adelante formó con Rivera.

Así lo muestra el expediente de la compañía en el **Instituto de la Función Registral** del Estado de México. Los documentos también exhiben que el propietario de "Ingeniería Inmobiliaria del Centro" es **Juan Armando Hinojosa Cantú**, presidente de Grupo Higa.

El otro propietario era su hijo, **Juan Armando Hinojosa García,** quien falleció en julio de 2012 **al desplo-

marse el helicóptero matrícula XA-UQH que tripulaba y que era de su empresa **"Eolo Plus"**, la cual rentó las aeronaves en las que Peña Nieto se transportó por todo el país durante la campaña presidencial de 2012.

En ese helicóptero **viajaron Peña Nieto y algunos integrantes de su equipo de campaña** semanas antes del accidente.

Además de los negocios, Peña Nieto tenía amistad con Juan Armando Hinojosa García. Pero el empresario también fue cercano a otros políticos del PRI. Durante tres años estuvo casado con la hija del ex gobernador de Veracruz, **Fidel Herrera**.

El 28 de julio de 2012, Hinojosa García asistió a la fiesta de cumpleaños de Peña Nieto en la **hacienda Cantalagua,** en Contepec, Michoacán. Horas después, el helicóptero del empresario se desplomó. Consternado, acudió con su familia al funeral y escribió un mensaje en su cuenta de Twitter:

"Con profundo dolor, nuestras más sentidas condolencias a la familia Hinojosa García por la sensible e irreparable pérdida de Juan Armando".

En mayo de 2009, la sociedad conformada por las empresas "IGSA Solutions" y "Constructora Teya" –otra de las filiales de Grupo Higa– **ganó uno de los 608 compromisos** que Peña Nieto hizo como gobernador: la edificación y operación del **Hospital Regional de Especialidades de Zumpango.**

Por esta obra se pagarán, durante el periodo 2011-2034, un total de **7 mil 038 millones de pesos,** de acuerdo con el informe realizado por la organización Transparencia Mexicana, la cual fungió como testigo social del proceso.*

---

* Se reprodujo el texto del reportaje, con todo y negritas y ligas que conducen a páginas de internet.

Fue el principio del fin. Una historia contada muchas veces en este país por profesionales de la comunicación, específicamente del periodismo, sacrificables.

En marzo de 2015 –alrededor de cuatro meses después de la publicación del reportaje de la "Casa blanca"–, Aristegui y su equipo anunciaron la conformación de Méxicoleaks, un sitio de internet para reunir, recibir y publicar información filtrada sobre actos de corrupción y abusos de los servidores públicos de todos los niveles. De un solo aspecto se valió la empresa para alimentar la fractura y la separación, y avanzar rápidamente en la purga: el uso de logotipos de MVS en la plataforma de Méxicoleaks, sin autorización, argumentan ellos, de la firma. Eso fue calificado como un abuso de confianza por parte de los directivos y dueños del medio.

Pocos días después (tenía que ser viernes y día 13), en marzo de 2015, y luego de casi seis años de estar en cabina, Aristegui y su equipo fueron cesados. Los Vargas, dueños del consorcio, habían mantenido una postura crítica y valiente frente al gobierno: durante el mandato del panista Felipe Calderón denunciaron presiones para despedir a Aristegui; ahora la retiraban a pesar de los intentos, públicos y privados, por dialogar, negociar, resolver el diferendo y superarlo, para mantenerla en las cabinas radiofónicas de MVS.

Poderosos antecedentes

"A los hermanos Vargas les pareció que el hecho de que la iniciativa Mexicoleaks se anunciara sin su consentimiento representaba un abuso de confianza y acordaron la salida de Aristegui del noticiero más escuchado del país. ¿Pudo ser el motivo esencial? Tal vez. O quizá no. Pudo haber sido también que los Vargas, un grupo empresarial pequeño, sin fama de corrupto y con una historia contestataria —en 2011 Joaquín Vargas, patriarca de la familia, se enfrentó al presidente Felipe Calderón al revelar presiones de su gobierno para sacar del aire a Aristegui—, habían recibido multas significativas. Entre ellas una de más de cuatro millones de dólares por una alianza secreta con Carlos Slim, el más opositor de los empresarios al régimen peñista, dos meses antes del despido de la periodista", dijo Wilbert Torre, uno de los comunicadores que más saben sobre este conflicto, durante la mesa que sobre "El fin de los medios", leyó durante la Feria Internacional del Libro, en Guadalajara, en 2015, en la que estuvo acompañado por el entonces senador del PAN Javier Corral.

Versiones extraoficiales señalan que estas multas —que pretendían aplicarse a la empresa de los Vargas apenas pasadas ocho semanas del despido de la periodista estelar– fueron extrañamente canceladas por el gobierno federal a MVS. Después de esto vino la entrega de una concesión a la firma para operar la banda ancha, que durante muchos años se mantuvo en litigio entre esta empresa y las autoridades federales en materia de telecomunicaciones.

"Lo que hice después fue una especie de radiografía tratando de hacer a un lado lo de Aristegui para ver la relación de los medios con el gobierno y lo que salió fue: como nunca antes están presentes este tipo de presiones y llamadas y el uso de la publicad oficial como instrumento de control y manipulación de los medios, para plegarse lo más posible a la narrativa oficial", recordó Torre, a quien en 2011, un jurado compuesto por Alma Guillermoprieto, Juan Villoro, Vicente Leñero y John Lee Anderson, le concedió el Premio Internacional de Periodismo Proceso, por la historia *El bombero al que nadie llamó*, sobre los atentados a las Torres Gemelas de Nueva York, en 2001.

¿Y cuál es tu versión sobre el caso de Aristegui?
Lo que me queda claro es que con el sistema y el régimen (recordemos las elecciones hace décadas) también evolucionó la forma de presionar a prensa, radio, y televisión; para ello un elemento vital es la publicidad oficial. No me queda duda de que en el despido de Aristegui influyeron presiones al grupo de los Vargas, como las multas (fueron varias y ocurrieron poco antes del despido), por varios millones de dólares, que afectaban la solidez económica del grupo de los Vargas, compuesto por varias empresas.

Fue un acto de presión a un grupo que tenía el noticiero más escuchado, era la periodista más incómoda, realizaba periodismo de investigación que afectaba al gobierno y al presidente Peña Nieto, y ahí hay dos elementos que permiten ver de manera clara otros aspectos. Uno es revisar lo que ocurre después del despido: despidos de periodistas, cierre de medios y mayor control de otros que realizaban investigaciones que afectaban al gobierno de Peña.

Entre los principales despidos y movimientos están la desintegración total de la barra editorial de la revista *Squire* –parte del grupo Televisa–, que publicó hace más de un año la matanza de 22 civiles a manos de oficiales del ejército, en Tlataya, Estado de México. La versión oficial planteó que fue un enfrentamiento, pero el texto publicado en *Squire* confirmó que los occisos fueron ejecutados por los militares. El reportaje, realizado por Pablo Ferri y el cuerpo editorial de la revista, fue publicado en septiembre de 2014. Siete meses después se desintegró totalmente la barra editorial y Pablo Ferri se fue a *El Universal*.

Versiones extraoficiales indican que además de Ferri salieron otros comunicadores, entre ellos varios editores, alrededor de siete meses después de haberse publicado la historia de esta matanza. En total, el cese alcanzó a unos siete empleados, incluidos varios periodistas.

Mi lectura es que el régimen va evolucionando en sus formas de vigilancia y presión a diferentes sectores; había medios que escapaban al radar del Estado, al instrumento censor. Fue lo que ocurrió con *Squire*.

¿Se regresa a la era de las cavernas con este PRI y el gobierno de Peña Nieto, censor y represor?

Es peor que eso. Durante todos los gobiernos, incluyendo los de Vicente Fox y Felipe Calderón –emanados del PAN– nunca dejó de existir una presión del Estado sobre los medios, pero ahora observamos un control y una intervención evidentes y groseras del Estado en los medios de comunicación. Le encuentro otra razón que no es una vertiente, sino dos. La publicidad oficial: en los primeros dos años (2013 y 2014) el gobierno de Peña Nieto gastó más de quince mil millones de pesos en publicidad, en cada año; este gasto se excedió el primer año como en mil por ciento.

De acuerdo con un estudio realizado por la organización de defensa del ejercicio periodístico Artículo 19 y Fundar, Centro de Análisis e Investigación A.C., en comparación con 2012, el último del gobierno de Calderón, "el gasto en publicidad oficial (de Enrique Peña Nieto) disminuyó en mil 874 millones. Esta reducción tiende a ser normal, pues la publicidad oficial aumenta de manera constante a lo largo del sexenio, alcanzando su máximo el último año del gobierno, que coincide con las elecciones federales. Al respecto, en el sexenio de Vicente Fox la variación fue de 27 por ciento entre 2001 y 2006 y en el de Felipe Calderón alcanzó 65 por ciento. Si la administración actual sigue la misma tendencia en el aumento de sus gastos publicitarios, se puede estimar una variación de 64 por ciento; esto significa que el gasto de 2018 se elevará a alrededor de 11 mil 676 millones de pesos. Respecto a las cifras definitivas para 2014, la variación con la información que se difundió preliminarmente en el Comsoc es notoria. El 13 de julio de 2015, fecha en que se cumplían tres años del primer compromiso hecho por el entonces presidente electo Enrique Peña Nieto, relacionado con la regulación de publicidad oficial, Artículo 19 y Fundar, Centro de Análisis e Investigación, publicaron un adelanto de este capítulo, elaborado con las cifras preliminares hasta el momento. Entonces se señaló que en 2014 el gobierno federal ejerció un total de 3 mil 555 millones de pesos en publicidad oficial. De nuevo, la publicación de cifras definitivas por parte de la Secretaría de la Función Pública –tan sólo días después de la difusión de un primer adelanto de este informe– superó significativamente la conclusión preliminar. En 2014, el gobierno federal reportó que gastó en total 7 mil 52 millones de pesos, 98.3 por ciento más de lo que reportó originalmente."

La comparación indica que en 2013, el gobierno de Enrique Peña Nieto tuvo un presupuesto de 5 mil 115 millones de pesos, modificado a 8 mil 451 millones, pero el que se ejerció finalmente alcanzó 7 mil 661 millones de pesos. Si se compara con los primeros años de los dos gobiernos anteriores, el de Peña Nieto gastó mil 987 millones de pesos más que Calderón Hinojosa en 2007 (cerca de 35 por ciento) y 3 mil 857 millones más que Vicente Fox Quezada, en 2001, que ascendió a cerca de un 104 por ciento.

En 2013, Peña Nieto gastó 7 mil 611 millones de pesos, contra 5 mil 624 de Calderón en 2007 y 3 mil 736 millones de Vicente Fox en 2001. El estudio advierte que en función de la distribución del gasto, el gobierno peñista destinó a la televisión 2 mil 114 millones de pesos, que significaron 29.9 por ciento; en el concepto de "otros", fueron mil 751 millones, es decir, 24.8 por ciento; a estaciones de radio dedicó mil 436 millones de pesos, que representan 20.3 por ciento, y a medios impresos mil 187 millones, o sea 16.8 por ciento.

Con nombre y apellido, la administración de Peña Nieto destinó a Televisa alrededor de 17.3 por ciento del total del presupuesto a medios, a TV Azteca 7.9 por ciento, a Estudios Churubusco Azteca 3.6 por ciento, a Grupo Fórmula 3.2 por ciento y a la Organización Editorial Mexicana (OEM) de los hermanos Vázquez Raña, 3.1 por ciento.

"A partir de la distribución del gasto en publicidad oficial que ejerce el gobierno federal, se pueden destacar algunos puntos:

- La televisión domina la inversión en publicidad oficial: el gobierno federal gasta 30 por ciento de publicidad oficial para la televisión. Si bien esta preponderancia no llega a extremos documentados en estados como Puebla o el Estado de México –lugares donde alcanza 60 por ciento del gasto total en publicidad oficial–, la tendencia a invertir mayoritariamente en televisión sólo acentúa la concentración del mercado mexicano.

- El comportamiento de la distribución de la publicidad oficial presenta diferencias sustanciales con las tendencias generales de la inversión publicitaria en el país, en particular en la inversión en televisión. El gobierno gasta 30 por ciento en televisión, 17 por ciento en prensa escrita, 20 por ciento en radio, 5 por ciento en internet y 2 por ciento en cine, cuando la inversión publicitaria en general se reparte de la siguiente manera: 61 por ciento en televisión, 10 por ciento en prensa escrita, 9 por ciento en radio, 9 por ciento en internet y 2 por ciento en cine.

- La mitad del gasto en publicidad oficial se distribuye en medios radioeléctricos (radio y televisión), a pesar de que el gobierno dispone de espacios gratuitos y tiempos oficiales para transmitir contenidos del Estado en estos medios.

Wilbert Torre advierte:

"Cuando el país está en una situación delicada y nos piden que nos apretemos el cinturón, hay un abierto sobreejercico en publicidad (y recorte de gastos en rubros importantes, como la cultura), que sirve como instrumento de control de los medios y tambіén de autopromoción personal del presidente Peña; estamos hablando entonces de algo que no es publicidad oficial, sino una abierta propaganda política".

Otro elemento crucial –sostuvo– es que basta revisar las condiciones de los medios como empresa en los últimos veinte años, pare ver que a mediados de la década de 1990, la inmensa mayoría de las empresas del sector no tenían negocios alternos: "Sus propietarios eran dueños de periódicos, televisoras, radios, y ahora tienes el caso del grupo de los Vázquez Raña, que en quince años, a partir del gobierno de Fox, ha sido de los grupos empresariales más favorecidos del Estado, y dejaron de ser sólo propietarios de medios y se adjudicaron negocios enormes y gigantescos de hospitales, como el Ángeles, y ganaron, casualmente, el concurso que hicieron de la nueva televisora pública y son dueños del banco Multiva y de un equipo de futbol. Está cabrón.

"Entonces tienes a estos dueños de medios que han dejado de ser sólo eso, para ser propietarios de constructoras, flotas de aviones, hospitales, bancos, y otros muchos negocios más. Digamos que se incuban conflictos de intereses entre empresarios y el Estado. Esta interacción y relación entre medios y Estado se compromete por completo con los intereses y negocios que los une... hay elementos de una sociedad más mercantil que de otro tipo."

¿Deja de ser prioridad el periodismo y ahora lo es el negocio? Eso está claro. El primer interés hoy en la inmensa mayoría de los medios convencionales es la protección de sus intereses, por eso es que en casi todos los medios, sobre todo los convencionales, no sólo está proscrito el periodismo de investigación. En las páginas de los principales diarios no aparecen investigaciones sobre la Casa Blanca o de manera más expuesta acerca de los Papeles de Panamá: un reportaje internacional basado en once millones de documentos, sobre las cuentas *offshore* de empresarios, políticos, deportistas. Revisa los diarios inmediatos a la noticia y te darás cuenta de la nula cobertura de los medios sobre este caso. Ahí tienes una radiografía completa de intereses y de la relación de los medios con el Estado. Sólo dos medios publicaron en sus sitios web estos reportajes del Consorcio Internacional de Periodistas de Investigación: el semanario *Proceso* y Aristegui Noticias. Y nada más *Reforma* publicó una nota dándole crédito

a *Proceso* y a Aristegui, y *La Jornada* otra general, de la agencia Al día siguiente, sólo Tv Azteca emprendió una campaña durísima contra Armando Hinojosa, dueño del grupo Higa, otra vez por conflicto de intereses, pero fue el único medio de esa magnitud que lo hizo público. López Dóriga no presentó nada y dijo que había sido una decisión editorial y que él no era un títere. *Excélsior*, cuyo director es Pascal del Río, formado con Scherer, dijo que no era un periódico que publicara filtraciones, pero sí publica llamadas anónimas para golpear a la oposición y favorecer al régimen. Los medios convencionales, casi todos los periódicos, las televisoras y la radio, están al servicio del negocio, replican la narrativa del Estado, del gobierno y de sus intereses…

Están de un lado el gobierno, los empresarios y sus negocios, del otro el narco: ¿los periodistas estamos rodeados?
Desde luego, en estas circunstancias el ciudadano no sabe a dónde voltear y el periodismo no encuentra salidas para hacer su trabajo, tanto periodismo como sociedad, de alguna manera, están copados por delincuentes, por otros intereses, por la abierta relación entre narco y política. Lo sospechamos pero el Estado lo negó; sin embargo, ahí están los testimonios del jefe de Inteligencia de Obama, que habló de un Estado fallido y Calderón dijo que esos señalamientos eran ofensivos. Pero hay territorios bajo abierto control del narco, como pasa en Tamaulipas: tres candidatos del PRI fueron removidos por sus nexos con el narco, ¿y eso qué es?, ¿es un Estado bajo control de un Estado nacional? ¡Pues claro que no! Entonces, no sólo tienes un periodismo y una sociedad rodeada por

delincuentes, gobernantes corruptos y sectores de la sociedad apáticos, sino por esta barbaridad que representa la alianza del narco y el poder público en importantes segmentos de la sociedad.

¿Qué nos queda en el periodismo? ¿Sobrevivir?
Creo que nos queda mucho, soy optimista. Hacer lo que no hicieron generaciones anteriores a las nuestras, lo que no hicieron medios convencionales, es decir, formar medios independientes, cercanos a la sociedad, usándolos para informar. Ahí está el ejemplo de Periodistas de a Pie, que es una organización de largo aliento, que se ha dado a la tarea de capacitar a los periodistas que cubren narco y hacer investigaciones con una página que publica historias de migrantes. Yo menciono a medios como *Ríodoce*, de Sinaloa, que surge como alternativa, una opción diferente a los medios convencionales. Y otros como esta alianza entre *Ojos de Perro*, fundado por Témoris Greco, y *Cuadernos Doble Raya*, que es un núcleo de escritores y periodistas, entre ellos Salvador Frausto y Eileen Truax, que recientemente se aliaron para hacer el libro *Los doce mexicanos más pobres*, que representa un esfuerzo distinto. Nos queda acceder al financiamiento internacional para hacer buen periodismo; porque eso es lo otro, si no hay recursos, hay que fundar asociaciones civiles u otros medios para lograrlo.

Daniel Lizárraga, que era jefe de la unidad de investigación con Aristegui, está trabajando en un nuevo proyecto. Por una parte, es una sociedad que realiza talleres para capacitar a periodistas jóvenes en investigación, y por otra, una sociedad para investigar temas de corrupción en México. Entonces hay futuro, pero hay que ser creativos, ponernos a trabajar en cosas que jamás pensamos, echar la mirada mucho más allá y apostar por encontrar nuevas formas de hacer periodismo, asociarnos más los medios independientes con una mirada en común sobre el país, hacer alianzas. Ahí están los resultados, siguen saliendo investigaciones, reportajes que uno no ve en los medios grandes. Como dijo alguien por ahí: unos desenterramos para exhibir la corrupción y los abusos del Estado y otros, que son un montón, están arriba echándole tierra a esto. No hay que renunciar, hay que buscar opciones siempre.

¿Qué resta por hacer? Resistir. No declinar. Persistir. Fundar espacios alternativos cerca de la sociedad, lejos del poder y fuera de los grandes medios, que hoy son negocios y socios, gatos acechantes en un callejón oscuro.

Despidos en cascada

En junio de 2015, trabajadores denunciaron acoso y censura en el Canal 22. La situación detonó a partir del despido de Aristegui y se intensificó con la orden de no publicar o posponer la aparición de contenidos como *Las huellas de la violencia*, un programa que salió al aire después de las elecciones de julio. Un mes después, veinte periodistas fueron despedidos. En octubre, Los Pinos anunció la renuncia del director de Canal 22.

—A finales de junio de 2015, *El Universal* publicó una serie reportajes desmintiendo a los testigos de las ejecuciones de Tlatlaya a manos de militares y una entrevista con el secretario de la Defensa. Carlos Benavidez, directivo del diario, preguntó: ¿El Ejército no es Tlatlaya, está de acuerdo con eso? Días después, Pablo Ferri, autor de la historia en *Esquire* y periodista de *El Universal Televisión*, grabó un video en respuesta al secretario Cienfuegos llamado *Las mentiras del general*. La dirección general del diario ordenó retirar el video unas horas después.

En octubre, tres periodistas fueron cesados: Martín Moreno, articulista crítico de Peña Nieto, y Luz Emilia Aguilar Zínser, crítica de teatro, ambos del diario *Excélsior*. Unos días antes, la Suprema Corte había aceptado un amparo interpuesto por la periodista contra un decreto presidencial que recategorizó el Nevado de Toluca para permitir una construcción inmobiliaria.

"En este periódico no se le pega al presidente, te guste o no te guste", dijo el director de un diario nacional, a manera de despedida, cuando le anunció a un periodista su cese.

Tras siete años de persecución, la locutora Paola Ochoa Tlapanco fue condenada a dos años de prisión por hacer mal uso del espectro radioeléctrico (pena que purgará en libertad), pese a que sólo era locutora de Radio Identidad, emisora comunitaria del municipio de Paso del Macho, al suroeste del estado de Veracruz.

En entrevista, la locutora explicó que desde hace siete años, cuando se fundó la radio comunitaria, ella y el equipo de estación son objeto de persecución, pero fue apenas la semana pasada cuando recibió la notificación de que fue condenada a dos años de prisión por una denuncia que data de 2009, pena que purgará en libertad y firmando cada quince días ante una autoridad.

En 2007, cuando se fundó la radio comunitaria, Ochoa Tlapanco empezó a conducir un programa donde se abordaban temas de género, pero a unos meses de la transmisión las autoridades del estado montaron un operativo para cerrar el medio informativo.

De acuerdo con la locutora, en aquel año el entonces alcalde Rafael Pacheco Molina juntó firmas de la población para hacer una demanda penal contra los dueños de la emisora, y denunciar que el medio estaba en la ilegalidad y transmitía contenidos que afectaban a la sociedad y causaban conflictos.

Ochoa Tlapanco afirmó que el funcionario hizo la denuncia porque la gente comenzó a usar la radio para expresar sus demandas y señalar la ineficiencia del gobierno municipal.

CIMAC noticias/ Revolución tres punto cero
2 de marzo de 2014

El crimen dicta

El crimen organizado, y no sólo el narcotráfico, ocupa cada vez más espacios y tiene una influencia creciente en la agenda pública y los medios de comunicación, como fuente de información, amenazas y financiamiento de medios y periodistas, afirmó Marco Lara Klahr.

Periodista, analista, catedrático, consultor, ha impartido talleres y cursos en diferentes países y tiene entre sus libros *Extorsión, Nota(N) Roja* y *Prisión sin condena*. Se especializa en el periodismo de paz y justicia, y ha elaborado manuales sobre la conducta de medios y policías en coberturas violentas. Lara Klahr es categórico, tiene esa mirada reflexiva que ve el todo y no se detiene en los detalles ni la rutina. Tratándose de homicidios, amenazas y desapariciones de periodistas, de la industrialización de medios y de las condiciones de trabajo de los comunicadores, pero también de la autocrítica en esta actividad, su voz es imprescindible y urgente.

¿Cuál es tu diagnóstico sobre el periodismo en México?
Mira, hemos hecho un trabajo no sólo crítico sino consistente. Hablo en plural porque también hay organizaciones de la sociedad civil, iniciativas ciudadanas y profesionales de las que formo parte, y hemos hecho un trabajo consistentemente crítico en términos de lo que [Karl] Popper llamaba el análisis crítico de la realidad.

El periodismo mexicano es decimonónico, sin estándares deontológicos y se asume como único estándar de independencia respecto a las fuentes. Es como decir, "publico lo que yo quiera", y se basa fundamentalmente en documentos y declaraciones oficiales, y testimoniales, y pone su agenda al servicio de poderes fácticos dentro y fuera de las instituciones. Hoy, que hay un proceso intensivo de reforma del Estado en materia de seguridad, justicia y derechos humanos, el periodismo mexicano se ha quedado en obsolescencia, no tiene utilidad social. Me refiero al periodismo industrial, no al periodismo ciudadano o que se hace por vías independientes, sino al periodismo industrial y corporativo.

Manuel Alejandro Guerrero y Mireya Márquez-Ramírez, académicos de la Universidad Iberoamericana, en su libro *Sistemas mediáticos y políticas de comunicación en América Latina*, hablan de una prensa capturada, es decir, que funciona a partir de lógicas de negocios en pequeña y gran escala, y básicamente está enfocada en ser parte de los instrumentos, de los recursos para obtener información, y basada crudamente en la rentabilidad. No cuestiono la rentabilidad, yo también cobro por mi trabajo, pero el de las empresas mediáticas está enfocada en vender ejemplares o tener clics sin importar cualquier otra consideración de tipo legal, deontológico o de interés público.

Además, ya no dependen sólo del periodismo, porque tienen otros negocios como equipos de futbol, hospitales o inmobiliarias.

Eso es una parte fundamental. En México, como en el resto del mundo, la industria mediática se transformó a partir de los ochenta. Hay varias razones que lo explican. Era una prensa de tipo familiar, históricamente, y eso lo puedes ver en el *New York Times*, el *Washington Post*, las grandes cadenas francesas y británicas, *El Universal* de Caracas, el Grupo de *El Sol de México*, el grupo *Reforma*. Empresas asociadas a las élites, pero a fin de cuentas empresas de familia que adquirieron una suerte de abolengo en términos de administración de empresas de información, y eso hizo que tuvieran una capacidad de operación política suficiente para tener cierto rango de independencia, como Julio Scherer, que tenía la doble dimensión de periodista y empresario, o Carmen Aristegui.

Las grandes empresas tenían una tradición que hizo que se fueran especializando y construyendo una especie de ADN empresarial para gestionar adecuadamente el conflicto que implicaba la proximidad con el poder y, al mismo tiempo, la vocación de servicio al público por medio de las noticias.

A partir de los ochenta esto se transformó. El capitalismo salvaje metía los medios en dinámicas de altísima fricción financiera y los primeros síntomas no fueron la decadencia de los tirajes, sino la bursatilización de las grandes cadenas como *New York Times*, *Miami Herald*, *Miami Tribune*, que incorporaron al mercado de valores algo de rentabilidad y sacrificaron la parte editorial para llegar al porcentaje de ganancias que exigía el mercado de valores. El capitalismo salvaje ha producido un altísimo nivel de concentración y multimediatización de los corporativos mediáticos, dejando a la parte de noticias o de

medios como algo marginal, dentro de grandes corporativos: medios corporativos como Televisa, La Nación en
Argentina, Tv Azteca y otros, o el grupo Prisa en España,
acumularon empresas mediáticas, comprando, regiona-
lizándose, asimilando; hubo un proceso natural, porque
esas empresas fueron a su vez absorbidas por corporativos
más grandes, de otros ramos. Por ejemplo, 80 por ciento
de los medios impresos en Francia pertenecen a un corporativo llamado Groupe Lagardere, uno de los grandes
plutócratas del mercado de las armas, o Slim que ha ve-
nido comprando paulatinamente el *New York Times*, o
en el caso de México el Grupo Imagen, que pertenece
al grupo Ángeles, que no tiene vocación de medios, y
no lo digo en sentido peyorativo, cuyos dueños Olegario Vázquez Raña y Olegario Vázquez se inician como
proveedores de armas y equipo al ejército, y empiezan
como empresarios muebleros y administradores de hote-
les. Este grupo es poderosísimo, también en la industria
de hospitales, de la aviación comercial. Y Grupo Imagen,
que pertenece a este consorcio, tiene apenas una pequeña
participación, 12 o 13 por ciento.

Lo que sucede es que los medios absorbidos por
esos grandes corporativos, sin una historia de independencia editorial, se vuelven medios utilizados como ariete
frente al poder público en ciertas circunstancias. Es increíble que un grupo tan conservador como Imagen se
ponga a favor de la interrupción del embarazo: evidentemente aquí entran los intereres de hospitales y demás.
Lo único que tenemos hoy es periodismo nuevamente
sometido a intereses corporativos, y esto incluye medios
chiquitos y grandes, desgraciadamente, sometidos a esta

lógica; como *Proceso* que tiene gran historia y liderazgo, fundado por Julio Scherer, sometido a la lógica de la nota roja para vender suplementos adocenados de cadáveres, portadas incriminatorias a tontas y a locas, eso es parte del problema que vivimos.

¿Está en crisis el periodismo en México?
Haz de cuenta que conforme las personas vamos madurando, tenemos añoranza de algo que no sucedió. A mí, el periodismo mexicano me parece premoderno, y no está en crisis. Se ha diversificado y eso me encanta: los corporativos se han endurecido y apropiado de los medios, pero el periodismo fuera de los corporativos florece, y me atrevería a decir que en México nunca había tenido tan buen nivel, de grandes ligas, pero tan alejado de los medios. Cuándo se había hecho un periodismo como el que hace Dromómanos y muchos otros colegas que proveen a la industria y a las organizaciones no gubernamentales, y nunca se había tenido tantos recursos para un debate sobre el periodismo y sus desafíos, y nunca se había tenido un debate tan vibrante entre la sociedad organizada sobre el papel social de los medios. Asimismo, nunca se había tenido un periodismo tan industrializado como el que tenemos en los corporativos y los pequeños medios satélites.

No está en crisis, está en un proceso de transformación y es parte de una expresión de relaciones globales, y el gran ausente es el público, las audiencias, que son pasivas; con medios que son grandes concentradores y corporativos, no vamos a generar un contrapeso vigoroso sin el público. Mientras tengamos un público apático,

infantilote o infantilizado que no asume sus responsabilidad frente a los derechos a la información, entonces
el gran desafío es cómo sacamos al público masivo de su
espacio cómodo y le decimos: "¡Atención, tu derecho a
la información es tan importante como tu derecho a la
alimentación y la vivienda!"

*Creo que al país le falta ciudadanía y que esta ciudadanía
acompañe al buen periodismo que se hace.*
Ése es un buen ejemplo, la violencia contra los periodistas es una clarísima expresión de impunidad y del otro
lado no hay casi nadie. Cuando se vulneran tus derechos
–y hay que tener claro que un periodista vulnerado en
sus derechos no es el único afectado, sino el derecho colectivo a la información–, y la sociedad guarda silencio
o celebra, y los medios venden corporativos, entonces
venden la violencia contra nosotros y contra otros. Ahí
tienes una sociedad que guarda silencio o se dedica a de-
nostarnos, frente a un gremio periodístico que también
se dedica a la lógica de "ésta es una víctima legítima y ésta
es una víctima ilegítima, éste estaba metido, éste es un
santón". Esas lógicas maniqueas tienen que ver con un
medio desarticulado y una sociedad predominantemente
apática frente a su derecho a la información.

*¿Qué papel juega la ética en el trabajo periodístico, frente
a los asesinados y desapariciones de periodistas, y frente al
narco?*
Yo insisto en la legalidad. Los periodistas estamos obligados, hasta parece una idiotez… pero estamos obligados a respetar la ley igual que los medios. Es increíble

decirlo porque estamos habituados a la impunidad, y tenemos que fiscalizar el ejercicio del poder público bajo el respeto a la ley. La ética es el mejor instrumento, la deontología, la ciencia del bien hacer periodístico es la mejor guía para el respeto a la ley. La deontología es el mecanismo para el respeto a la ley, y no al revés. La deontología del periodismo *per se* no vale nada.

Por otro lado, me parece que un buen ejemplo de cómo no respetamos a nuestra comunidad, su inteligencia y dignidad, así como tampoco nuestra responsabilidad pública, son los tribunales paralelos: tomamos declaraciones, averiguaciones previas, testimonios de supuestos testigos; publicamos historias como verdad cuando sabemos que no lo son. Utilizamos profusión de apodos y detalles, hipervoyeurismo. Y decimos "si no doy detalles la gente no siente que esté bien ejercido su derecho a la información y si no digo que a una niña víctima de abuso la violaron por vía vaginal y anal, siento que no estoy siendo buen periodista y que el público cree que doy toda la información". O cuando exhibo a un persona en medios y hago imputaciones a partir de lo que dicen las fiscalías o el ejército, es el mayor acto de falta de respeto a la comunidad, porque no decimos a la gente que la información podría o no ser real.

En mis talleres pregunto que, del diez al cero, cómo califican a la PGR. La Procu saca tres de calificación, en promedio. Y entonces, ¿por qué damos por buenas sus investigaciones, sus boletines? Tú dirías, ¿por qué el semanario *Proceso*, que es tan crítico de la PGR, la Marina y el Ejército, da por buena información emitida por ellos, sobre una investigación? ¿O sea que confías en las investigaciones de una institución poco fiable? Eso es esquizofrenia.

El tema del narco, del crimen organizado, se agregó al trabajo periodístico en el país.
Se agregó como fuente de información, como definidor primario, como fuente de amenazas, de desafío al papel social de los periodistas y los medios, y también como fuente de financiamiento. Cada vez es más evidente a nivel nacional que los medios y los periodistas somos, de manera creciente, subvencionados de manera directa o indirecta por la delincuencia organizada, y no sólo hablo del tráfico de drogas sino de muchas otras cosas. El crimen organizado funciona por medio de economías de escala y las drogas son sólo un complemento, y diría que el crimen organizado tiene cada vez más participación estratégica como fuente de información poderosa para incidir en la agenda pública y mediática, y como fuente de desafío y amenazas a medios y periodistas, como fuente de negocios de periodistas y medios. Acabo de tener una experiencia terrorífica sobre esto. Mientras los medios y periodistas no generemos una cultura y tecnología de independencia, la gran deuda social sigue siendo la construcción de condiciones para su independencia, y si eso no pasa, siempre estaremos en manos del mejor postor, a veces más, a veces menos. Si pensáramos en la esperanza, hay ciertas experiencias de periodismo que ponen su énfasis en la gestión financiera y la cobertura. Ése es el futuro y ésa es la esperanza: tener una visión de negocios en el sentido más legítimo y a partir de eso funcionar y desarrollar un enfoque de periodismo con agenda

orientada al bien común y al buen periodismo. Además somos sostenibles. Ése es el periodismo del futuro.

¿A qué experiencia terrorífica te refieres?
Estaba en un proceso de negociación para asumir cierta posición de liderazgo en una cadena de medios y cuando empezamos a ver, a revisar números, prácticamente la operación financiera era inexplicable, salvo que tuviera dinero que nosotros no sabíamos de dónde provenía. Por eso preferí retirarme.

Lara Klahr lanza palabras como piedras. No se detiene a la hora de argumentar, criticar. En este caso, pisa el freno y advierte que no puede hablar mucho sobre este episodio, porque pone en riesgo a quienes estaban en las negociaciones.

"Lo cierto es que viendo ya con lupa, los propios colegas decían, marcaban exactamente territorio: éstos son nuestros territorios, como diciendo 'así se juega aquí, aquí las cartas son éstas, para que las conozcas'. Así que no acepté y ya."

Siento que nosotros no hemos aprendido a narrar el mal, que hemos contado los casos como si fuera asunto de buenos y malos, y tampoco hemos hecho un periodismo que rescate lo humano. ¿Cómo contar la muerte en este país?
Yo primero quitaría la noción del mal. En democracia y política criminal, a diferencia del tribunal del Santo Oficio, de la Inquisición medieval, donde se detenía, procesaba, juzgaba y castigaba a las personas a partir de criterios de fe, en democracia no se valora la calidad

moral de las personas. La política criminal se enfoca en prevenir la transgresión de la ley y la justicia penal en sancionar y prevenir, procesar y juzgar actos, no moralidad. Diría que en general se ha hecho buen trabajo en los medios: la cobertura sobre los desaparecidos en Iguala (los 43 de Ayotzinapa), de las mujeres en Juárez (Chihuahua), lo que tú mismo has hecho en el caso de niños y niñas huérfanos, lo que yo hice en casos de víctimas de extorsión, de la violencia en Michoacán. Se ha hecho un buen trabajo, digno. El problema no es que no se haya hecho, sino que gran parte se hizo con lenguaje y perspectiva del sistema judicial autoritario, con apodos, exhibición de víctimas, y si se le incorpora la visión de legalidad y derechos humanos, crecería dramáticamente. Solamente existen dos tipos de personas frente a la justicia penal: inocentes y culpables. Ahora estoy dando un curso en línea para varios países y un académico salvadoreño decía "¿Qué hacemos con las pandillas?" Le dije "ve lo que dices, nosotros estamos con el petate del muerto". Las pandillas no están aisladas, son fuerza de choque de gente encumbrada dentro del sector militar y de los partidos, hacen el trabajo de guardias blancas, son ejércitos, mano de obra barata para el control social. Por otro lado, cada vez que voy a El Salvador veo más y más *malls* (centros comerciales), ¿por qué no se preguntan de dónde sale ese dinero?; ahí no están las pandillas, ahí está el crimen organizado, pero vamos ahí a hacer un trámite, echarnos un café, con la familia, y nadie lo ve.

Es violencia simbólica, interiorizas lo que se considera legítimo desde el poder. Si sale una plaza comercial no te preocupes, es legítimo. Es increíble... es legítimo que pongas una plaza, ¿de dónde salió el dinero?, eso no importa.

Hay un enfoque interesante en esto, que es la mirada informativa, desarrollada por una académica catalana, Amparo Moreno, de la Universidad de Barcelona. Dice que básicamente las élites construyen una dinámica de sobrevisibilización del mal del momento, enfocándose en personas pobres, indígenas, migrantes, que tienen conflicto con la ley, y hacen invisibles los crímenes que tienen mayor impacto en morbimortalidad. Está, por ejemplo, la militarización de la seguridad pública. Lo único que sé es que desde el momento en que Felipe Calderón Hinojosa militarizó las policías, los índices de violencia se fueron para arriba escandalosamente. Antes de Calderón ya había delincuencia organizada, pero estábamos por debajo de cualquier país que tú quieras: 14 homicidios por cada 100 mil habitantes, que es bastante aceptable. Después de 2007 se disparó, ¿por qué? Porque cuando hablamos de delincuencia organizada no hablamos de personas malas, sino de personas que hacen negocio desde el poder público, asociados al poder privado. Por eso, el juez Falconi decía que cuando el Estado combate al crimen organizado, entonces se combate a sí mismo.

¿Hay resistencia en los medios y en los periodistas para revisar lo que hacemos, y para la autocrítica?
Claro que la hay y digo que eso nos hizo caer en la obsolescencia. La resistencia de los medios corporativos eliminó contrapesos e incentivos para cambiar. La medicina para eso es una sociedad proactiva, que nos ayude a construir. Las condiciones laborales se han complicado

dramáticamente, la violencia contra las mujeres se ha exacerbado, las cifras son escalofriantes.

De acuerdo con estudios del organismo Comunicación e Información de la Mujer (CIMAC), en México la violencia contra las mujeres periodistas se incrementó 374 por ciento de 2002 a 2013, al pasar de dos a 87 agresiones, 13 de las cuales fueron asesinatos. En el estudio "Impunidad. Violencia contra las mujeres periodistas, análisis legal", se incluye la revisión de cuatro casos emblemáticos: el allanamiento a las oficinas de CIMAC en 2008, el proceso de difamación y calumnia iniciado por el empresario Kamel Nacif contra la periodista Lydia Cacho, detenida en 2005 por policías ministeriales de Puebla, los juicios contra la reportera Ana Lilia Pérez, de *Contralínea*, y el asesinato de Regina Martínez, corresponsal de *Proceso*, en abril de 2012.

De acuerdo con el reporte, sólo en un año, de 2012 a 2013, hubo 86 agresiones a mujeres periodistas y 47 ocurrieron en el último trimestre de 2013; los estados más violentos fueron Distrito Federal, Veracruz, Morelos, Chiapas, Puebla y Oaxaca.

Por el tipo de violencia contra las mujeres periodistas, entre 2012 y 2013 se contabilizaron de 39 a 47 por ciento de casos de violencia psicológica; entre 20 y 25 por ciento de violencia verbal, y entre 17 y 21 por ciento de agresiones físicas; además de que en 64 por ciento de los casos se identificó a servidores públicos de todos los niveles de gobierno como la fuente de la violencia.

El académico y periodista señaló que es gravísima, además de las agresiones, la precarización laboral: en América

Latina, un reportero del ámbito de seguridad y judicial en promedio gana doscientos dólares al mes, que debe usar para pagar equipo, tener comunicación y sostener a su familia.

Los periodistas empiezan a trabajar a las siete de la mañana para mandar *online*, a televisión, etcétera, y eso les impide enfocarse, revisar y autocriticar, pero son reacios a aprender. Los más jóvenes son son más abiertos. Yo le apuesto al cambio generacional. Los jóvenes son los mejores aliados porque tienen menos anclajes con ese periodismo inquisitivo y han generado menos intereses económicos y de dependencia hacia las fuentes. Y si logramos generar periodistas que incidan en las redacciones de todo tipo de medios, será muy estimulante. No tengo una mirada mesiánica ni creo que vayamos a cambiar el mundo, pero sí hay que forjar periodistas que vayan a diferentes medios, a las redacciones, para enriquecer el debate dentro del gremio, generar contrapesos ante los tribunales mediáticos, producir información diferenciada. No tengo una mirada pesimista, pero si uno piensa resolver todo esto de golpe, la cosa está grave. Hay que avanzar despacito, despacito. Y contribuir, así, a que esto cambie.

De perversa calificó Rubén Aguilar Valenzuela, ex vocero en el sexenio del presidente Vicente Fox Quesada, la relación medios-gobierno, por la existencia de convenios de publicidad.

Durante la presentación de su libro *Comunicación Presidencial en México 1988-2012*, Aguilar Valenzuela mencionó que en sociedades civilizadas, como Estados Unidos, esa relación por convenios entre gobierno y medios, no existe.

En la etapa de preguntas y respuestas, expuso que el dinero del gobierno es para carreteras, escuelas, no para comprar espacios de publicidad en los medios de comunicación.

Confía, detalló, que le toque ver que algún diputado o senador presente una iniciativa de ley, para prohibir que el dinero del presupuesto público se vaya a los medios, a través de convenios.

Espero, todavía a la edad que tengo, que un día quede prohibido en términos de ley, la perversa relación medios-poder a través de la compra de espacios de publicidad por el gobierno.

Cuando exista esa ley, va a romperse esta perversa relación, reiteró.

"El que paga quiere que lo traten bien, y a final de cuentas, el que chantajea en general son los medios, no el gobierno, si no me das: 'te voy a romper la cara', es un poco la lógica, pero me parecen definitivamente perversos esos convenios que venden".

Periódico Noroeste
25 de febrero de 2016

Con la foto en los güevos

"Si nos separamos, nos van a madrear", le dijo. A pocos metros, avanzaban hacia ellos, rodeados de maestros que realizaban un plantón, los policías con equipos antimotines. La gente gritaba pero ya eran consignas flacas: la represión estaba cerca, se sentía en las gargantas, en esos pechos tembleques.

Aquel pelotón oscuro y con instrumentos de filo brillante avanzaba y avanzaba, como un solo hombre. Entonces, los maestros se dispersaron. Había quienes decían que no se fueran, que no estaban solos, que el pueblo unido jamás será vencido. Pero no era cierto: estaban solos en ese páramo oscuro y citadino, del centro de Xalapa, y no había más pueblo que ellos. Y unos cuantos reporteros. Entre ellos, Rubén Espinosa y otro que por seguridad no puede ser revelado su nombre. Rubén sabía que algo iba a pasar, por eso se había quedado en el plantón de maestros que protestaban contra la reforma educativa, y otros comunicadores se habían marchado pensando que no pasaría nada y que la protesta amanecería tal cual aquel 14 de septiembre de 2013.

Fue cuando Rubén, fotógrafo corresponsal de *Proceso*, dijo a su compañero, también reportero gráfico: "No te separes de mí y también cuídame, si nos separamos nos van a madrear."

Pero la revuelta creció, como los gritos ahogados, la respiración de manguera aplastada: el corredero y la picana crecieron en ese rinconcito veracruzano, igual que los golpes, las órdenes de alguien que parecía el jefe del operativo, que insistía en que no se les escapara ninguno, que a todos había que darles. Y aquello no fue una batalla campal, sino desigual: tierra en la que ellos mandan y habría que repartir toletazos, toques con esa chicharra, arrinconar con el escudo antimotines, madrear con cualquier objeto —incluso punzocortante—, atropellar, someter y aprehender.

No pudieron ambos reporteros mantenerse unidos, igual que el contingente de maestros. Todos se dispersaron, huyeron para salvar sus vidas, su destino. Rubén y el otro fotógrafo queriendo mantener intacto el equipo y las fotos tomadas: los policías avanzaron a golpe de garrote y toques eléctricos que al contacto con la piel sonaba como corto circuito —toletes eléctricos, los llaman—; unos corrieron de frente, otros no pudieron, unos más dieron vuelta a izquierda o derecha, o intentaron esconderse o se acuclillaron en espera de no ser dañados, o se quedaron estupefactos sin saber qué hacer, resignados al chingadazo. Había madres de familia, jóvenes docentes, ancianos y, por supuesto, periodistas, a quienes los agentes persiguieron con más tesón, pues había que arrancarles a como diera lugar el equipo, cámaras y lentes, destruir o decomisar todo, y con ello las fotos sobre esa aplanadora uniforme, policial, sangrienta y terrorífica, para disolver la protesta y garantizar, al día siguiente, en la ceremonia del Grito, que el gobernador Javier Duarte gritara "Viva México" y los de la banda sinaloense El Recodo tocaran sus éxitos del momento.

Un Tlatelolco chiquito

Reporteros de la Ciudad de México escucharon la versión de los toletes eléctricos, los golpes, el abuso, la sangre en la frente de esas maestras inconformes, los gritos y los docentes atropellados con las patrullas. Pensaron que los periodistas veracruzanos exageraban: se han vuelto locos, tal vez paranoicos. Después, cuando buscaron versiones por separado acerca de estos hechos, confirmaron que tenían razón.

Las fotos hablaron, captaron los gritos y el pavor. Los rostros descompuestos de los maestros. La corredera con esos pasos apresurados, vetustos y cansados, tal vez más pesados por el miedo o la falta de condición. Las gráficas cazaron la muerte en las manos llevadas al rostro, para protegerse o aliviar el dolor, y el llanto desesperado, y las más hondas ausencias, en esa turba de gorilas vestidos de agentes de la policía, que hicieron su trabajo: limpiar de protestas la plaza Lerdo de Tejada, abrirla al paso de vehículos y del gobernador y de los músicos y de la gente que al día siguiente irían al Grito, al reventón, a la fiesta del aniversario de la Independencia de México. Independencia quién sabe, sangrienta sí.

Cuando vieron todo esto se apresuraron a poner la cámara en dispositivo automático para capturar los abusos, ya no tuvo vigencia aquello de mantenerse unidos: cuídame, no te separes, que yo te cuidaré... si no, nos van a madrear. Rubén corrió por su lado y su compañero agarró para otro. A ambos los corretearon los agentes. No corrían para alcanzar a los maestros que estuvieron en el plantón. No. Iban tras ellos, porque aunque los manifestantes quedaran en el camino o escogieran otra calle para escapar, no los perseguían. Eran ellos los que debían ser sometidos. Persecución directa.

Rubén hizo unas maniobras con el equipo. Lo hizo como pudo, sin dejar de avanzar. Cargando las cámaras de kilo y medio, las lentes, los flashes en la mochila. Igual que su compañero, que siguió cuesta arriba, por esas calles como recorrido de serpiente. Los policías se acercaban y él perdía fuerza. Reaccionó rápido. Su cabeza estaba caliente, sus ideas tenían la precisión de un francotirador que carga su fusil automático y, al mismo tiempo, no debe dejarse alcanzar: abrió con destreza un compartimento de la cámara, sacó la tarjeta y la metió en una pequeña bolsa del pantalón. Trató de disimular sus movimientos mientras corría, respiraba con dificultad al trepar esa calle cuesta arriba, para que no lo alcanzaran esos que ya le arañaban la mochila a la espalda. Y salvarse. Y salvar las fotos.

Le arrancaron la mochila. Lo mismo hicieron con Rubén, momentos antes lo detuvieron en la calle Rafael Lucio. Le dieron toques con ese tolete eléctrico en el pecho pero intentaron también darle una sobredosis de electricidad y quemarle su cara. Él manoteó, se sentó vencido. Ellos tomaron la mochila y la echaron a una patrulla. El fotógrafo alcanzó a ver por lo menos otras dos mochilas en el asiento de la camioneta. Tomó aire y emprendió de nuevo la huida. Izquierda, derecha. Los agentes se rezagaban y él estaba más ligero, ya sin el equipo.

En el camino se encontró a dos, tres, cinco maestros, que también corrían. Una de ellas lloraba y temblaba. Todos temblaban. Entraron a la casa de un conocido, ahí les dieron refugio.

Afuera, los agentes peinaban la zona y detenían a todos, incluso a los que sólo pasaban por ahí, venían de alguna fiesta o regresaban de trabajar. En noche oscura y de represión, todos los que caminan por las calles son disidentes. Hay que someterlos a castigo. Hasta el otro día pudieron asomarse y ver que en esas calles oscuras ya había amanecido, pero se percibía un manto tenso, nublado.

En esa huida despavorida, los fotógrafos vieron de todo. En una patrulla, los agentes aplastaban a tres o cuatro maestros que quedaron pegados por la espalda. Habían estado a punto de atropellarlos, igual que a los reporteros, pero éstos alcanzaron a esquivar el vehículo; de repente, los manifestantes quedaron entre la parrilla de la patrulla y la pared. Y la camioneta de los agentes, aceleraba y aceleraba, como en una película de terror: los aplastaba más y más. Y ya no supieron nada.

Versiones extraoficiales señalan que varias personas desaparecieron, pero nunca se supo cuántas. Buena parte del equipo de los fotógrafos quedó destruido, decomisado, o se perdió. Fue una mala noche, una de muchas que acompañaron a Rubén esos últimos años y que tuvieron un final funesto, que aún, por fortuna, no se olvida.

Fue un Tlatelolco chiquito, dijeron. Nadie lo creía, hasta que las versiones coincidían en los maestros perseguidos, aplastados por la patrulla, quemados por ese tolete de alto voltaje, y las fotos que finalmente se publicaron en *Proceso* y en pocos medios de esa localidad.

Ése fue uno de los primeros sucesos fuertes que envolvieron la vida de Rubén Espinosa, fotógrafo avecindado en Veracruz. El 31 de julio de 2015, fue hallado muerto en condiciones extrañas, con otras cuatro personas en la capital del país, donde él nació el 29 de noviembre de 1983. Fue el primero de varios sucesos, que parecieron presentarse en cadena, relacionados misteriosamente, apuntando siempre a un objetivo: su asesinato.

Las ligas con el activismo

Rubén era, además de periodista, un tipo rudo que bromeaba y gustaba del karaoke. Eso y muchas otras cosas. En su tuétano, viajaba la semilla de la insolencia, un espíritu insumiso e indomable. Era su lente y todo lo demás. El clic en la cámara para frenar las manecillas del reloj y atrapar sus sombras y luces, esos destellos de esperanza y dolor. Por eso, además de cubrir las actividades públicas de las autoridades, los partidos, las protestas, él estaba metido en el entramado fino de los que organizaban y daban cauce a las inconformidades: maestros de la Coordinadora Nacional de Trabajadores de la Educación (CNTE), ambientalistas, académicos disidentes de la Universidad de Veracruz, estudiantes moderados y ultras, inquietos y anarquistas. Él estaba ahí, metido y enterado. Sabía cuándo habría una protesta y si crecería; olía la represión, los toletes y los miles de voltios –los hay de 150 mil, hasta 49 millones de voltios– que disparaban los agentes; si se seguirían ciertas trayectorias;

si la manifestación se convertiría en bloqueo y plantón permanente.

Esos grupos civiles inconformes, activos; esa disidencia organizada, le tenía confianza. Era integrante del Colectivo Voz Alterna –formado por periodistas– y un enlace entre ellos y los medios de comunicación; pero además, su presencia y cobertura garantizaban que las fotos de lo que ahí pasaba –golpes, persecuciones, quema de monigotes, mentadas, pancartas y gritos de consignas– iban a escucharse y verse en todo el país, porque Rubén enviaba fotografías a diferentes medios, sobre todo al semanario *Proceso*, el más leído a nivel nacional, y a la agencia Cuartooscuro.

"Las claves están en Veracruz, en Xalapa, por sus contactos y hasta porque era parte de ellos, anarquistas, ambientalistas y otros grupos disidentes… después de Regina Martínez, lo que quedaba en esa región a favor de esos sectores golpeados por el gobierno de Duarte, era él, Rubén Espinosa. Regina tenía más distancia, pero igual estaba pendiente y cerca. Rubén se aliaba con ellos, peleaba con ellos, junto a ellos, se reunía con ellos", manifestó una periodista y activista de la Ciudad de México, quien pidió que su nombre no fuera mencionado, por temor.

Regina era reportera corresponsal de *Proceso* y lo había sido del diario *La Jornada:* crítica del gobierno priísta de Veracruz y sus atrocidades, hasta que fue asesinada dentro de su casa, en la colonia Felipe Carrillo Puerto, en abril de 2012. Las autoridades informaron que había sido asfixiada y torturada, y que se trató de un aparente asalto. Nadie lo creyó.

Y después de Regina, iba él.

Los movimientos, las protestas, la repre

Parecía que la vida de Espinosa corría al ritmo de los movimientos sociales. Su cercanía con el movimiento estudiantil —tradicionalmente manipulado por el gobierno y con alta presencia de estudiantes de la Facultad de Derecho— lo llevó a cubrir sus protestas y también la respuesta gubernamental.

"Había actos de gobierno contra este grupo de estudiantes, cercanos a Rubén. Ellos tomaron en 2006 y 2012 durante dos meses, el palacio municipal de Xalapa y ahí acamparon e hicieron una asamblea. Los estudiantes eran de la Universidad de Veracruz, eran anarquistas, cuyas acciones rudas eran las luces de foquitos verdes de cara al gobernador. Pero la respuesta a las cosas que hacían siempre fue desproporcionada: se llevaron a tres o cuatro, durante cinco días los golpeaban y les ponían armas en sus cabezas, y los agentes les preguntaban cuáles eran sus últimas palabras", expresó la activista.

Durante una fiesta de estudiantes, que se celebraba en la vivienda de uno de ellos, llegaron de madrugada varios hombres armados con palos, en cuyos extremos iban incrustados clavos. Fue en junio de 2015. Entre los presentes había ecologistas y jóvenes que participaron en manifestaciones para exigir justicia en el caso de los 43 normalistas de Ayotzinapa.

Los agresores, unos diez, llegaron con machetes, armas de grueso calibre, bates y esos palos con clavos. Y empezaron a agredirlos. Aunque estaban acostumbrados a este tipo de asaltos, se preparaban para enfrentarlos cuando hacían actos de protesta, no durante las fiestas, en las que además habían ingerido alcohol. Por eso los sorprendieron y los agarraron con la guardia abajo. El saldo fue ocho estudiantes brutalmente golpeados –cuatro de ellos matriculados en la Universidad Veracruzana– y tres fueron hospitalizados en estado delicado. Algunos requirieron cirugía plástica en el rostro, por el daño provocado.

Afuera permanecieron alrededor de catorce policías estatales vigilando. No intervinieron en la golpiza. No fue necesario. Estaba claro para quién trabajaban y cuál era el objetivo de su presencia ahí, en sus patrullas. Faltaban pocos días para las elecciones en esa entidad y había que enviar un mensaje a los disidentes.

Rubén llegó tarde a tomar las fotos. Le llamaron a tiempo, cuando la agresión apenas empezaba, pero él se quedó dormido y no escuchó el teléfono celular. Cuando se dio cuenta, todavía de madrugada, acudió y alcanzó a tomar algunas, que también envió a diferentes medios: jirones de piel, carne expuesta, sangre en la cara, la camisa, los pantalones, el piso y llanto. Mucho llanto.

Un hombre rudo no baila

"Anarco, ¿qué onda?", era el saludo de una de sus amigas. Rubén vestía como el rijoso que era. De negro. Esa especie de pañoleta que le daba cierto aire árabe, de cuadros blancos y negros, y su mirada serena, apuntando allá y más allá.

Su mirada, dicen quienes lo conocieron, no era ni siquiera la de otros fotógrafos que andan queriendo lograr la gran foto, la periodística y oportuna, de portada o de primera plana. Fue más allá de los edificios y las ornamentaciones. Tomó fotos de las calles de trayectoria caprichosa en el centro histórico y quienes las veían las desconocían. "¿Dónde es?", preguntaban. Eran los mismos espacios que recorrían juntos, pero que sólo Rubén captaba a través de su lente.

"Se involucró de más con movimientos de protesta. Se mimetizó con el movimiento estudiantil", dijo una reportera de esa ciudad, en la que todos piden anonimato.

Tenía la agenda de las protestas. Dónde, quiénes, a qué hora, por qué. Fue un hombre de su tiempo, los ojos de ese momento y el corazón rebelde de una ciudad que, a pesar de que tiene miedo y la noche le fue arrebatada, aún palpita y no calla. Baja la voz. Ba-ji-ta. Pero no calla. Y él rompió patrones, trascendió más allá de lo periodístico. Le encantaba cuestionar, criticar, asumir una postura, poner la dignidad en el clic, mediante su trabajo, sus fotografías.

"¿Qué hizo Rubén? ¿Qué hizo? ¿Qué pudo hacer para tener este final? Hay reporteros que estuvieron en balaceras, operativos en la sierra, haciendo coberturas del narcotráfico o de la policía… ¿por qué a él?", y asoman las lágrimas que llevan su nombre. Los labios lo pronuncian, pero no tienen tanta sonoridad como esa agua con sal que no puede apaciguar.

No era borracho. Apenas ingería. Le gustaba el buen café y estando en Veracruz, tierra de los mejores cafés del país, tuvo que conformarse con el del Oxxo porque muchas veces apenas tenía para comer. Eso sí, era muy bailador y le gustaba cantar, contar chistes, bromear y reír. "Era buen bailador de salsa. Siendo rudo, no te imaginas que lo fuera. Y bailaba bien."

Tacos de paloma

A él le gustaba la barbacoa. Con sus amigos defeños competía: él conocía un lugar donde la barbacoa era la mejor, y los retaba a que le mostraran dónde la superaban. Nunca se realizó la apuesta. Compartía cuartos con reporteros, en ocasiones se olvidaban de las camas porque conversaban durante noche y madrugada, viajando a través de las palabras y el dedo en el disparador de las Cannon y Nikon, con la gran foto, la cobertura para la historia.

A veces, se asomaban al restaurante La Capilla, sucursal del que se encuentra en el puerto de Veracruz. Ahí estaban los reporteros y fotógrafos, y los políticos como el alcalde, los diputados, dirigentes de partidos y de vez en cuando el gobernador. Varios de ellos les decían a los reporteros, muchas veces por medio del ayudante o del chofer, que se quedaran a desayunar, que ellos los invitaban. Algunos hasta les pedían que los esperaran, porque, al final, el diputado les iba a dar una "ayuda". Sabedor de estos rituales, Rubén optaba por levantarse y si había ahí alguien de confianza, lo conminaba a hacerlo. Y si era un nuevo reportero, con más razón, asumía que debía aprender de eso, enseñarle que estaba mal aceptar esos favores, que eran actos corruptos, alejados de la ética que debe regir el trabajo del periodista. Y entonces les decía: "¡Vamos a los tacos de las palomas!", que eran de canasta, en un puesto ubicado cerca del parque, donde, además de los comensales, se arremolinaban las palomas buscando migas qué comer. Ahí, a diferencia de La Parroquia, los tacos salían a diez pesos.

"Él era dedicado. Uno no deja la cámara, ya te acostumbrarás. Uno no la deja, traes todo el equipo y a él siempre lo veías con el equipo y la cámara. Un día le dije que me pasaba lo mismo, que iba al cine con la cámara, y si hay algo fuerte, pues tomas las fotos."

¿Él soñaba con la gran historia, la gran foto?
Siempre. O la buscaba. Él no dejaba el equipo, siempre lo traía.

Llueve en Xalapa y es tarde de sábado. Atrás de este joven periodista y editor, está la ventana que da a la calle. Segundo piso. Es una ventana de dos hojas y el cielo encapotado advirtió temprano que llovería. Y llueve: una cortina de gotas de agua forma un pelotón desde la ventana hasta la otra acera. También él, que convivió tanto con Rubén, está triste. Llueve por dentro y su voz como que se apaga a ratos. Voltea para todos lados. Nadie parece escuchar entre los que ocupan esas tres mesas.

"A las siete u ocho estaba sentado, en la calle. Estoy de guardia, decía. Y yo le contestaba que ayer y antier también. 'Yo sí estoy de guardia, así que si hay algo te aviso o te paso las fotos.' Una característica que tenía era que buscaba la foto: hay lugares por donde todos pasan, para uno es muy común y, de repente, veías una foto de él, de algún edificio, qué buena foto, nadie tiene esa mirada. Él observaba todo y hacía muy buenas fotos."

La denuncia

Después del ataque sufrido por docentes de la CNTE y los reporteros en aquel mitin sofocado a toletazos y miles y millones de voltios, Rubén y otros cinco periodistas interpusieron una denuncia ante la PGR y ésta la turnó a la fiscalía que se especializa en atender agresiones contra periodistas. El joven agente del Ministerio Público Federal que llevaba el caso fue generoso con los periodistas agredidos y los orientó sobre los pasos a seguir.

Inicialmente, se planteó que fueron ocho los comunicadores que presentaron la denuncia, en noviembre de 2015. Con el paso del tiempo y las presiones ejercidas por el gobierno estatal, tres de ellos no acudieron más a las diligencias, de acuerdo con versiones allegadas a las indagatorias. La denuncia fue dirigida contra Arturo Bermúdez, secretario de Seguridad Pública del gobierno de Veracruz, a quien se ha señalado como represor, violador de los derechos humanos, incomunicación y tortura. Organismos defensores de los derechos humanos señalan que en contra de él y de la administración estatal de Duarte, hay por lo menos 98 quejas ante la Comisión Estatal de Derechos Humanos (CEDH). Y no pasa nada.

La averiguación avanzó y el mismo fiscal federal les advertía que había mucha molestia y presiones de parte del gobierno veracruzano, porque además no había en el país ninguna otra denuncia de cinco periodistas contra un secretario de seguridad. Semanas después, les hizo saber la oferta del gobierno estatal: que aceptaran una indemnización por sus equipos dañados o decomisados, pero que se disculparan públicamente. Los denunciantes no sólo no retiraron, sino que se indignaron. Versiones extraoficiales indican que acudieron a la CEDH a plantear el caso y la vergonzosa oferta, y que los funcionarios de este organismo les recomendaron que aceptaran y se olvidaran del asunto. Pero no cedieron.

Entonces, el hostigamiento pasó a otro nivel. A varios de los inconformes, y a otros periodistas rijosos que cuestionan, investigan y critican, les pusieron "cola": policías vestidos de civil, con el arma abultando la cintura; los siguieron afuera de sus casas, en sus rutinas de trabajo y coberturas. El mensaje fue claro: sabemos quién eres, qué haces, dónde vives. Les muestran las armas, acarician las cachas, provocadores y atemorizantes.

"Cuando estábamos cubriendo la rueda de prensa del Partido del Trabajo (PT), él (Rubén) dijo 'ya me voy, voy a tal evento. Ahorita nos vemos ahí, en el otro acto'. Pero regresó y dijo que afuera había hombres armados. Salimos todos y sí, vimos a uno de esos tipos, traía una pistola en la cintura y puso su mano en el arma, como retando. Iban de civiles. Se nos quedaban viendo. Entonces mejor nos fuimos juntos, con Rubén."

El ritual persecutorio se repitió una y otra y otra vez. Rubén tenía miedo, así como varios en el colectivo Voz Alterna y entre el círculo de activistas que conocía. Nadia Vera, activista y antropóloga, amiga de Rubén, ya había sufrido agresiones similares. En 2012, fue detenida y golpeada por policías estatales, en Xalapa, y su casa fue allanada; también fue agredida por los uniformados en 2013, durante el desalojo del movimiento magisterial, en la plaza Lerdo de Tejada. Ese año, decidió irse a vivir a la Ciudad de México, huyendo de amenazas y persecuciones.

Era uno de los eslabones de Rubén y ya no lo tenían. Nadia mantenía contacto con ellos y fungía como enlace a la hora de avisar sobre movimientos extraños, vigilancia de la policía, coberturas periodísticas de riesgo. Tener comunicación con ella era tenerla con todos, era la base y la garantía de coordinación y protección mutua.

Huir, salvarse

El 9 de junio de 2015, Rubén anunció a sus contactos, los más cercanos, que se iba de Xalapa y regresaba a la Ciudad de México. Todos conocían las causas, la paranoia ya se había apoderado de esa mirada ensombrecida. No tenía dinero para comer, menos para pagar el boleto de autobús. Sus amigos, los del colectivo y otros, hicieron una coperacha. Lograron juntar el dinero. "El 9 me voy." Pero no lo hizo, por seguridad. Esperó un día más, temía que lo interceptaran en la central de autobuses. Al día siguiente, partió a la capital del país, donde vivió en casa de sus padres, de amigos, con Nadia Vera y periodistas que conocían su situación y sabían que debían protegerlo.

Pero en lugar de guarecerse y no asomarse, al menos por un tiempo, Espinosa tuvo una vida activa en la ciudad. Se dejó entrevistar por medios como *Sin embargo*, siguió publicando fotos en *Proceso* y realizando coberturas sobre protestas y otros hechos en la gran ciudad. Su nombre aparecía, pensando, como ahora lo comentan, que en la Ciudad de México no le harían daño, que estaba a salvo, nadie lo iba a encontrar en la considerada urbe más grande del planeta. Estaban equivocados.

Pero en la ciudad lo seguían desconocidos, lo esperaban en algunos puntos. Estaba nervioso y parecía insomne. Además, su otra condena lo seguía persiguiendo: no tenía dinero, le debían por los trabajos realizados en algunos medios de comunicación y eso se agregaba a las preocupaciones por conservar la vida.

Recurrió a gente de confianza, le pidieron que se calmara, acudirían a ayudarle lo antes posible. Muchos de sus contactos eran activistas que atendían otros casos, viajaban también con limitaciones económicas y trabajos que atender. A los pocos días, Veracruz y su gobierno nefasto alcanzaron a Rubén en la capital del país. Desesperado, con el rostro desdibujado, los bolsillos secos y la incertidumbre, cerca los pasos de la muerte, el fin. Todo cerca, rondando. Cerca. Muy cerca.

El crimen fue el 31 de julio de 2015, en un departamento de la calle Luz Saviñón, colonia Narvarte. Las víctimas fueron la activista Nadia Vera, la estudiante de belleza Yesenia Quiroz, la modelo colombiana Mile Martin, la trabajadora doméstica Alejandra Negrete y el fotoperiodista Rubén Espinosa. Todos fueron torturados antes de ser ultimados.

Abraham Tranquilino, Omar Martínez y Daniel Pacheco fueron las personas detenidas por la policía capitalina de la Ciudad de México, acusados de participar en este multihomicidio. Todos ellos niegan haber participado y acusan al gobierno de obligarlos a confesar bajo tortura. El móvil sigue como un gran misterio, la escena del crimen fue contaminada por un comandante de la policía y nadie sabe con exactitud qué pasó esa noche y madrugada, en el departamento de la Narvarte.

De acuerdo con versiones extraoficiales, una revisión del caso, ordenada por la organización de defensa de periodistas Artículo 19, por la forma en que se dio este múltiple homicidio, no hubo nada fortuito más que la presencia de la empleada doméstica. Todo lo demás fue planeado. Y el ataque fue directo.

Y no pasa nada

Su muerte vino de Veracruz. No hay otra. Desde allá lo siguieron, lo mandaron matar. Lo mataron. Es la voz de un reportero capitalino, dolido por este deceso y el de las otras cuatro personas. Y por los periodistas desaparecidos, torturados, levantados, amenazados, exiliados, arrinconados. Le duelen como su acta de nacimiento, como cada vello y cada arruga, cada cana y cada noche perdida entre letras, historias, denuncias, esperanzas y sueños podridos.

Una reportera lo secunda. Es Daniela Pastrana, de la organización Periodistas de a Pie: "Ves todos los antecedentes en el homicidio de Rubén y realmente el problema no es lo que pasó, no es lo anterior, sino las consecuencias porque todo este grupo estudiantil se dispersó, se paralizó. No hay movimiento estudiantil, están todos peleados, porque él era el que le daba salida a muchas cosas que hacían, informaba a otros reporteros, permitía cercanía con otros grupos. Era una pieza clave", expresó.

¿Tú crees en la versión de la Procuraduría de la Ciudad de México?
Es que no hay versión, ¿qué tiene la Procu? Tres presuntos responsables y de los dos que declararon ninguna versión coincide y el tercero no quiso declarar, se reservó su derecho a hacerlo. Los otros dos declararon cosas distintas y después se retractaron, dijeron que los habían torturado. No hay móvil, no tienen nada, ni siquiera coincidencia en lo que plantean. Lo que nos dicen y vemos desde afuera, porque no hay acceso al expediente, es que la Procu no ha intentado hacer nada. Lo único que hizo para investigar todas las amenazas previas es la declaración de Duarte: enviarle un cuestionario para preguntarle "¿Tú lo mataste?" "No, pues no." "Ah, bueno." Y pedir la denuncia que Rubén y otros periodistas interpusieron en la Procuraduría de Justicia de Veracruz, el 14 de noviembre de 2016.

No han investigado ese vínculo ni el que planteó en uno de los reportajes que hizo Sandra Rodríguez en *Sin embargo*, que se refiere a la línea que lleva a esta chica, la colombiana, que cambió de nombre y tenía una demanda por desalojo de una casa donde estuvo viviendo antes. Tampoco eso. No han ido a la casa de la que fue desalojada. Nada.

¿En qué se basan para decir que fueron ellos? Son las llamadas previas que se supone hicieron durante el recorrido de la camioneta, de dónde salieron hasta el departamento, y fueron viendo las cámaras para seguir esa ruta y ver si coincidía con las llamadas de teléfono, pero no han investigado los teléfonos a los que llamaron.

Dicen que hay llamadas, y les preguntamos a quién llamaron, "ah, no sabemos".

¿Ni siquiera porque el PRD *es gobierno en la Ciudad de México y el* PRI *en Veracruz?, ¿no sirvió eso ni el discurso del respeto a la libertad de expresión que enarbola el* PRD*?*
Nada, finalmente son arreglos de arriba, de las mafias. Al principio quise creer que era positivo, que éste era un gobierno distinto, pero llegué a la conclusión de que es encubrimiento total. Es de sentido común: por ejemplo, el teléfono de Rubén no aparece, a quién llamó, a qué hora, para qué. Eso se solicitó hace meses y no han respondido.

¿En qué se falló para proteger a Rubén?
Hubo un exceso de confianza de él hacia todo, se cambiaba de casa y andaba medio paranoico, seguía publicando cosas que decían que estaba aquí. Eso no había pasado con raza de Veracruz, se fueron a Europa y desaparecieron por un tiempo. Pero en este caso, era muy claro que estaba acá, subía fotos en el feis, aquí estoy con no sé quién, en la agencia AVC, y asistía a marchas, salió en el programa con nosotros, en varias entrevistas. Me pregunté si no habrá sido un error que estuviera en el programa, luego me di cuenta de que lo del programa fue lo último de una serie de cosas visibles. Creo que fue… nadie piensa en este país que esa perversidad te va a alcanzar, que va a ser tan grande, evidente y clara, crees que ya llegaste a los últimos niveles de impunidad y de violencia, y que ya no estás en un país en el que te van a perseguir a uno y otro lado, porque tampoco es que se diera tanto.

No piensas que van a perseguirlo, hasta que te pones a reportear cómo se han excedido con los movimientos sociales en Xalapa, Veracruz, con los ambientalistas; en tres años mataron a Regina y a Rubén y a un activista ambientalista, un día antes de que hubiera la reunión sobre medio ambiente más grande en el país, y a un académico muy crítico del gobierno de Duarte y amigo de Regina, a quien estrangularon también, un mes después que a Regina. Igualito que a ella.

Pastrana dijo que los críticos de Veracruz tienen mala suerte y los ladrones los ahorcan, si se cree en las versiones del gobierno de esa entidad: "Los limpiaparabrisas o malabaristas de crucero son expertos en armas de fuego y en estrangular."

Señaló que nadie piensa que en este país puede haber esos niveles de perversión, esos alcances de seguir a un disidente hasta otro estado y matarlo; y "no pasa nada, ya cuando ves las consecuencias, cómo paralizaron los movimientos allá, que a mucha gente de la Ciudad de México la movió mucho, nadie sabía lo que era el miedo y cuando ves eso, entiendes que no es por lo que sabías, sino lo que podías representar. Lo otro es que no presionamos suficiente al mecanismo de protección, que es buenísimo para zafarse, porque dicen 'es que no vino con nosotros'; pero tu mandato dice que debes hacer lo que sea necesario para proteger a un periodista en condiciones de riesgo y en un caso que es tan público, que salió exiliado, debiste acercarte y convencerlo de aceptar protección. Debieron hacer todo lo posible por cuidar a alguien amenazado de muerte, y nadie lo midió. Ni *Cuartooscuro* ni *Proceso* ni otros medios, y no teníamos por qué medirlo. Hubo un linchamiento: las organizaciones no hacen anda, pero hace uno lo que puede, lo posible; quien tiene recursos para la protección es el mecanismo y no hicieron nada. Nosotros hacemos talleres, pero no tenemos recursos para proteger.

"Yo creo eso, que él también se confió. Sí se cuidaba, se cambiaba de casa, pero siempre había esa creencia de que no iba a pasar. Como Berta Cáceres, con un perfil tan alto, con tanto reconocimiento, no crees que van a atacar a alguien así y que no habrá consecuencias. Y la matan.

"La Procuraduría de Justicia hizo una investigación tan mala, de país de telenovela chafa, que no tiene sentido ni pies ni cabeza y sin consecuencias, porque tampoco hay muchos periodistas siguiéndole la pista. Estoy yo, Sandra Rodríguez y párale de contar. Sandra en *Sin embargo*, que estuvo muy pegada, pero los periodistas del D. F. no investigan nada. Publican cuando sale lo de Artículo 19, sus comunicados, pero no están investigando, y entonces realmente no hay consecuencias: no pasan ni la prueba de primer año de Derecho las investigaciones de la Procuraduría local."

¿Por qué no investigan?, ¿por miedo, por…?
Por huevones. No hay otro lugar del país donde haya tantos periodistas juntos, oficinas de prensa. Es gravísimo, me van a odiar, pero ya me odian: ¿cuántos periodistas hay? Y si no investigas esto, ¿qué investigas? Si ni a ése ¿a cuál le entras, a cuál le vas a entrar? ¡A ninguno!

No creo que sea por miedo, porque están muy cómodos en las oficinas de prensa.

¿La extinción del periodismo?
Veo cosas al contrario. Mira, en Veracruz era difícil que se hablara de los desaparecidos y hubo un chico de veintitrés años que hizo trabajos sobre desaparecidos. Los chavos de Voz Alterna, el colectivo de Rubén, son fotógrafos. Está otro reportero publicando cosas de militares, impensables cuando mataron a Regina y ahora llegaron al tope. Hay zonas del país donde no se hacían investigaciones; en el norte siempre ha sido más fuerte el periodismo, pero en el sur todos eran alineados de un político local, y donde no había ese periodismo, ahora ya lo hay. Son grupos pequeños que hacen trabajos de investigación. En Chiapas, los de Lado B en Puebla, que organizó una coperacha para sacar copias para una investigación y cuestionan las cifras del gobernador Rafael Moreno Valle.

Veo un agotamiento absoluto, a diferencia de cuando yo empecé en el D. F., salvo el equipo de Daniel Lizárraga. Es un páramo terrible, donde hay más periodistas y menos riesgos. No es miedo, en otros lugares sí, y tienen motivos pero hacen cosas, con excepción de Tamaulipas.

Las últimas horas

Fueron terribles, cuentan los que tuvieron acceso a información contenida en el expediente de investigación sobre las cinco personas asesinadas en la Narvarte. Fueron uno por uno, pero dos en cada cuarto: mientras torturaban, estrangulaban, mataban a una, el otro era obligado a observar. Así fue en el caso de Rubén Espinosa, quien vio, mudo y atónito, la muerte a los ojos: vencido, atado, amordazado, y su amiga Nadia Vera era golpeada y asesinada. Tortura doble. Muere él, al verla morir. Muere ella porque sabe que a él también lo matarán.

"Es una cosa que me amarga. Como que se me atora aquí. Ver cómo mataban a su amiga Nadia. Es una cosa que me amarga, la verdad. Sí me da para abajo. Eso era lo que más temía y eso le pasó. Y la pasó muy mal. No es justo. O sea, no. No es justo."

Los güevos

Rubén corre, ve que es inevitable separarse de su amigo, también de colectivo Voces Alternas. Él no puede avanzar mucho ni muy rápido, pero sabe qué hacer, porque pronto lo alcanzarán. Son los costos del cigarro. Resignado pero hábil y audaz, saca la tarjeta de la cámara. Lo hace mientras corre y se tropieza, y da vuelta y avanza, lenta pero constantemente. Saca la tarjeta de las fotos que tomó en ese Tlatelolco chiquito que tuvo como escenario la plaza Lerdo de Tejada, en el centro histórico de Xalapa. Saca una tarjeta adicional y la coloca donde estaba la otra. Llegan los agentes, lo derriban, golpean y someten. Toques eléctricos, patadas. Le quitan el equipo y se van de ahí victoriosos, seguros de que lograron recuperar cámaras y lentes, y que esas fotos sobre el aplastamiento de una protesta de maestros nunca serán publicadas.

Rubén ríe por dentro. Lo llevan detenido a la comandancia de la policía, en el Palacio de Gobierno, donde está la guarida de sus perseguidores y los autores intelectuales de tanto abuso. Le duelen los madrazos. Más les dolerán a ellos. Sus fotos están seguras y se publicarán en los medios, testimonio de la barbarie debajo de sus prendas: en el calzón, alertas entre sus testículos.

2015 fue uno de los años más violentos para la prensa en México: se registró en promedio una agresión cada 22 horas y en total se documentaron 397 agresiones, incluyendo siete asesinatos de periodistas, lo que representa un crecimiento de 21.8 por ciento respecto a 2014, cuando se contabilizaron 326.

Así lo dio a conocer el organismo defensor de la libertad de expresión, Artículo 19, al presentar hoy su informe 2015: M.I.E.D.O. (Medios, Impunidad, Estado, Democracia, Opacidad) en el que destaca el incremento de ataques a mujeres comunicadoras.

Artículo 19 dijo que la suma de ataques contra la prensa durante los tres primeros años del gobierno del presidente Enrique Peña Nieto –del 1 de diciembre de 2012 al 31 de diciembre de 2015– ascendió a mil 73 hechos documentados, es decir, más de la mitad del total acumulado de agresiones de 2009 a 2015, periodo en el que se registraron mil 832.

"El miedo es el hilo conductor del informe de Artículo 19 en 2015. Un miedo que abreva de los ataques a los medios de comunicación y periodistas, de la impunidad, de un Estado que no responde, de una democracia débil donde la libertad de expresión está amenazada y de la opacidad del desempeño de los organismos gubernamentales encargados de garantizar los derechos humanos y la seguridad de defensores y periodistas", dice en su informe el organismo.

Señala que M.I.E.D.O. documenta los casos de 2015, y hace un comparativo de los últimos siete años, de 2009 a 2015.

La documentación histórica de Artículo 19 permite identificar que 46.9 por ciento de las agresiones en los últimos siete años provienen de algún servidor público.

Proceso
17 de marzo de 2016

Veracruz: el infierno tiene permiso

"Me están siguiendo", dice él. También ella. Y aquel.

En Veracruz, el puerto, y en Xalapa, la capital, todos los periodistas lo dicen: "Me vigilan, hay gente armada fuera de mi casa, están persiguiéndome." Y no. No es falso ni paranoia ni victimización. Es realidad. Simple, diaria, contundente e implacable, lastimosa y terrible. Así se hace periodismo o no se hace, en esa entidad de 22 reporteros asesinados en poco más de cinco años del gobierno de Javier Duarte.

Yadira vio a los muertos. Caían en el puerto de Veracruz. Los vio en las fotos, tirados a mitad de la calle, sobre un manto otrora tibio y rojo que ganaba terreno en el asfalto, con mirada de maniquí y de la era glaciar en ese rostro, ya sin brillo ni color. Yadira pensó: "Están muy lejos." Como si fueran muertos ajenos, de otros. Como si los periodistas asesinados o desaparecidos o torturados nos tocaran, si acaso, la piel y la yema de los dedos al teclear frente a la computadora; y la grabación y la historia y el trabajo de investigación y la pregunta que incomoda al poder y al poderoso, que desnuda y devela y alumbra. Se dio cuenta de que no, de que estaba en un error. Entonces, los muertos, aún los más distantes, empezaron a dolerle ahí: abajo, arriba, en el centro, a un lado, en la cabeza y el dedo gordo del pie, y a la hora de dormir y voltearse y bañarse y comer. Y no dormir ni bañarse ni comer. Porque las balas pasan cerca y la muerte anda ahí, rondando su acera.

"Los del puerto fueron los primeros en caer. Creo que no nos caía el veinte de muchísimas cosas o lo sentíamos muy lejano, porque muchos de los que murieron eran reporteros policiacos, y decíamos 'estamos fuera de eso, no cubrimos lo policiaco'. Pero creo que fue a partir de Regina Martínez (corresponsal de *Proceso*, asesinada en su casa, en Xalapa, el 28 de abril de 2012), que era una periodista de otro corte, que no era de lo policiaco, cuando dijimos 'esto va más allá'", confiesa Yadira. Y se derrumba en ese sillón que de por sí la hunde en una suerte de sopor, de nostalgia, rendición y desolación, y en ese ambiente tiene que hacer periodismo, como reportera de un medio local y corresponsal nacional.

Aquí tampoco hay nombres. No los habrá en toda la historia, a menos que los aludidos estén muertos o desaparecidos. Los que hablan frente a la grabadora o permiten que se tomen sus datos, vida y declaraciones, lo hacen a cambio de que sus identidades no sean reveladas. Tienen miedo y no poco. No hay vida nocturna ni cobertura exclusiva, pero sí una red de colaboración y cuidado mutuo, para evitar o disminuir los riesgos entre comunicadores.

"Regina se llevaba muy bien con Rubén y con nosotros. Nos sentábamos a tomar café y a resolver el mundo. Nosotros tomaríamos medidas de seguridad, pero no teníamos grandes medidas que tomar. Restringimos nuestras salidas, incluso ahora. Hasta hace como un mes fuimos a un bar, pero nosotros, desde Regina, suspendimos las discos, los bares, olvídate de tomar y agarrar el carro, porque nos parecía que era ubicarnos en condición de vulnerabilidad y restringimos eso: que si hay una reunión con amigos, vamos con ellos, sacamos nuestras botellas y nos vamos a casa, o los invitamos a nuestra casa y aquí hacemos nuestras fiestas. Pero no tenemos salidas nocturnas y nunca andamos solos.

"Cuando salimos a carretera, avisamos. Casi siempre vamos una persona y yo, viajamos y avisamos a nuestros amigos que vamos a salir, procuramos hacerlo de día. Antes evitábamos la autopista para no pagar y porque conocemos la carretera libre, pero ahora viajamos en autopista, en bola, y vamos avisando 'ya pasamos por determinado punto'."

Dijo que las reporteadas son colectivas y hay que hablar con la familia, y "aunque no se conozcan entre ellos, mi familia tiene los teléfonos de mis amigos, y éstos tienen los números de mis familiares. Si pasa algo o hay dudas, ya tendrán cómo comunicarse."

"Y que la familia sepa qué estamos haciendo, en qué consiste nuestro trabajo. Por ejemplo, hay familiares que han pedido, como mi abuelo, que deje de reportear, 'salte', me dice que me van a matar, 'veo en la tele y están matando muchos periodistas', pero yo le digo que también están matando muchas enfermeras, abogados, sacerdotes, están matando de todo y realmente así es. La cobertura política, no sólo la policiaca, se ha complicado sobremanera en Xalapa."

¿Sienten que están haciendo periodismo, a pesar de esto?
Creo que hay espacios, márgenes abiertos, a diferencia de Tamaulipas que está muy cerrado. Aquí hay canales que

te permiten trabajar y creo que todavía hay reporteros policiacos, todavía salen algunas cosas y puedes trabajar el ámbito social, el tema de la seguridad pública a través de la recolección de testimonios, historias de desaparecidos, brigadas de búsqueda de desaparecidos. Por ahí se puede, pero si te metes más adentro, creo que sí hay un problema.

Si tienes información sobre el narco y sus nexos con determinado político o empresario, debes aplazar la publicación. No sabes en qué te puedes meter.

Hace poco, cuando se buscaron a los cinco de Tierra Blanca, salieron otras cosas, algo muy cerca de la Academia de Policía que está aquí, y dijeron "oye, vamos para allá". Nosotros dijimos que era muy tarde y quedamos en que íbamos a ir al otro día. Hubo compañeros que fueron y nos contaron que la policía se les puso muy pesada. Al día siguiente les dijimos "vamos", y ya estaban muy asustados y no quisieron ir.

Yadira vivió la guerra sucia. Intentos por desprestigiar a los periodistas críticos. El gobierno del estado circuló en cuentas de correo información sobre ellos. Desde el norte, centro y sur, supieron asuntos personales de algunos comunicadores y obtuvieron información que no necesariamente era cierta.

"Hacían correos clandestinos, te difamaban y los mandaban a los directores de medios de todo el estado. Metían a muchos, pero esa lista me llamó la atención. Me puse a revisarla y era en todos los medios perfectamente ordenados, de norte a sur del estado, por director, subdirector, jefe de información y reporteros. Me parecía que quien había hecho eso tenía muy buena base de datos de todos los medios y reporteros de Veracruz", dijo.

Duarte tenía pocos meses en el gobierno, y a ella ya la tenían ubicada como periodista incómoda. Llevaban apenas seis meses y tenían la osadía de escoger quién podía y quién no cubrir la fuente del gobierno del estado. Los medios, obviamente, cedieron a las presiones. A ella le tocó que le quitaran esa fuente en dos medios diferentes. Se tuvo que conformar con cubrir la Universidad Veracruzana porque Duarte y su equipo no la querían husmeando oficinas, pasillos ni actos de gobierno.

"Recuerdo que tuvimos una plática porque venía Peña Nieto como gobernador del Estado de México e iba por la presidencia, y se hizo como una hermandad con Duarte. Querían que les saliera bien y dijeron 'no queremos a estos reporteros cubriendo el evento y no los queremos y no los queremos'. Era el proceso de alta acreditación y el medio no podía porque decían 'si la acreditación es para ella, no la vas a tener'. Fue muy chistoso, yo trabajaba para una agencia de noticias, era una mesa en la que estábamos varios compañeros. A mi jefa le pasan una llamada, pone el altavoz y sigue escribiendo. Dicen es que la acreditación, y dice sí, 'va fulana ya la conoce, es la que cubre el Ejecutivo'. Y ella empieza a pelear con la jefa de prensa, 'si la mandan, no habrá acreditación'. Entonces levanta la bocina y se va a hablar con ella a solas. Regresa y me explica 'oye, no quieren que vayas al evento y si vas tú, no nos van a acreditar', y le dije 'manda a otra persona'. Y así fue. Yo trabajaba en un periódico y también ahí me bloquearon. Me mandaron a la Universidad, me dieron derechos humanos, partidos, lo que fuera, menos el gobierno del estado."

Suma cerca de diez años en el periodismo. Nunca pensó ubicarse en esta encrucijada: periodismo o muerte. Soñó con ejercer este oficio y por eso estudió esa carrera en la universidad. En clases, la ilusionaba contar historias, firmar las notas, preguntar, investigar. Estar ahí y contarle a todos por medio de sus letras que ella había estado en primera fila y escribir qué había visto, oído, sentido.

¿Es como una noche que no termina?
Esto es una locura. Jamás, jamás me imaginé en la facultad cubriendo esto, y veo a los compañeros más jóvenes y no me imagino qué debe ser tener un año, un mes, dos años de periodista y ver esta matanza. No me imagino el impacto en estos chavos. En nosotros ya hay un impacto, una desconfianza, un terror. El de al lado puede ser tu compañero de trabajo, pero un informante del narco, del gobierno, de un partido político, de un líder sindical. Les pagan por eso. Está todo contaminado. Es horrible, de eso ni me enteré, y cuando me di cuenta, yo estaba en medio. Ves cómo se cierra el círculo: en un principio vi que mataban gente y reporteros, ni leía las notas, después eran conocidos que sí leía, y luego eran amigos de mis amigos, después empezaron a matar a los míos.

Yadira descarga el llanto. Caen las lágrimas, ella también parece ir cuesta abajo en cuanto a miedo, preocupación y tristeza. Tantos amigos, conocidos, reporteros muertos, desaparecidos, torturados. Y ella en medio, escribiendo notas mientras su compañero periodista, sentado a su lado en la redacción o en una conferencia de prensa, pasa información sobre ella y lo que escribe y pregunta, lo mismo al gobierno homicida que a los homicidas que forman parte de las organizaciones delictivas que operan en esa entidad, donde las más fuertes son Jalisco Nueva Generación y Zetas.

Recuerda a Regina y más se le desbarata el corazón. En la última elección, ellas y otros periodistas hacían guardia afuera de un Oxxo, esperando que dieran las doce de la noche para que abrieran de nuevo y les permitieran comprar unas cervezas, nomás por gusto, porque no había nada qué festejar: sólo la vida. Pero Regina ya no está ni muchos otros comunicadores que fueron abatidos a tiros o levantados por comandos.

"En mi pueblo empezaron a desaparecer muchachos y gente que fue conmigo a la prepa, la secundaria."

Ya quiere que pase esto, que termine. Y si no pasa, irse. A dónde, se le pregunta. Voltea a los lados, como buscando un estado del país en el que todo esté en calma y pueda vivir en paz, hacer el periodismo que le gusta y dormir bien, sin temor ni amenazas. No. No encuentra ninguna ciudad.

"Ya quiero irme de aquí. Le he dicho a mi esposo un montón de veces 'vámonos', ya lo pido por las cosas más insignificantes. Veo los candidatos y la guerra sucia, los intercambios y el nivel discursivo de los políticos… antier sacaron un audio de un candidato que tiene una conversación sexual con su amante, no puede ser que además de la violencia física, social, que hay alrededor, todavía me obliguen a escuchar algo así de aberrante. O sea mierda sobre mierda."

¿A dónde te irías?
¿A qué parte, si todo el país está igual? Siempre digo "vamos a Europa", con esta absurda ilusión de que puede ser menos violento el asunto y pueda uno vivir. Nomás vivir.

Yadira está tan lastimada que no soporta que alguien se coloque detrás de ella. Ha estado a punto de encarar al desconocido que se ubica tras ella, pero se resiste. No soporta ni al que chifla a su lado, mientras camina. Le duelen los sonidos tanto como la indiferencia por ver tanta gente caer y que no pase nada. Hace poco cambió de casa. Lo hizo por seguridad, porque afuera de la otra vivienda había un hombre que siempre la esperaba. Respiró tranquila cuando estrenó el inmueble. Se sintió segura. Pero sólo unos días. Pronto tuvo de nuevo un desconocido, ahí, enfrente, poniéndole un plantón y avisando sobre sus movimientos.

Pasos cercanos

Carlos tiene dos amigos reporteros muertos, él debe seguir haciendo su trabajo. Cuando habla de ellos pareciera que los trae encima, como a dos pípilas con sus respectivas lozas. Carga pesada, sobre todo porque apenas llega a los treinta años, en una ciudad donde ser periodista, en toda la extensión de la palabra, es destierro y muerte.
    Recordó que uno de esos amigos asesinados era Víctor Báez Chino, quien tenía una página de internet que se llamó Reporteros Policiacos. El hoy occiso convocó a otros reporteros que cubrían la nota roja y les

ofreció conformar un equipo y vender la información a los otros medios, así obtendrían más dinero que si trabajaba cada quien por su cuenta.

"'Si te pagan mil 500 pesos, ya no les mandes información. La mandas aquí y nosotros como agencia la vendemos', les ofreció. Hasta que llegaron una vez unos hombres armados a su oficina, preguntando por él", manifestó.

Dijo que los testigos comentaron que los hombres se metieron a la oficina y preguntaron quién era Víctor Báez. Nadie contestó pero no hizo falta, pues él mismo se levantó de su asiento y los encaró. Les dijo que podían llevárselo, pero que al resto de los empleados no les hicieran daño. También les pidió que no lo esposaran ni lo golpearan, menos, frente a los reporteros, y que iba a hacer todo lo que le pidieran.

"Salió de la oficina y ellos tras él. Versiones extraoficiales indican que se trató de un comando del cártel de Los Zetas. Al otro día lo encontraron dentro de bolsas de plástico, junto a la oficina del periódico el *Diario de Xalapa*, en el centro de esa ciudad, en cachitos."

Evaristo Ortega es otro de sus amigos. Se fue a su pueblo, en el municipio Colipa, ubicado en el centro del estado de Veracruz, a fundar un periódico, porque ganaba muy poco en los otros diarios, en los que hacía las veces de editor. En esa comunidad no había más periódico que el suyo, así que le empezó a ir bien. Publicaba desde lo más cotidiano, hasta asuntos de seguridad pública y trabajos de investigación. Aunque en ese pueblo no pasaba nada extraordinario, lo que le perjudicó fueron sus relaciones. Había cumplido el sueño de dirigir un periódico en su pueblo natal. Tuvo vínculos con la hoy diputada y candidata del Partido del Trabajo a gobernadora de Veracruz, Leonila Méndez Herrera, quien, de acuerdo con versiones extraoficiales, estaba ligada con Miguel Ángel Yunes. Al parecer, Evaristo fortaleció sus lazos con ellos y aspiró a ser alcalde, para lo cual le ofrecieron negociar primero con la clase política local para alcanzar la postulación.

El Partido Acción Nacional, fuerza con la que Evaristo simpatizaba, decidió lanzar a Fernando Hernández Masegosa y él optó por buscar ser candidato de Nueva Alianza. Un grupo armado lo interceptó cuando viajaba en un vehículo, para llevárselo. Los hombres se identificaron como agentes de la Policía Estatal. Mediante un teléfono celular, logró avisarle a su hermana que lo llevaban esposado, rumbo al puerto de Veracruz.

"El 19 de abril de 2010 fui con al Comité Directivo Estatal del PAN en Xalapa, para hablar al respecto. Nos acompañó Andrés Anglada Morgado, aspirante a la alcaldía de Nautla, municipio contiguo a Misantla. Al mediodía salimos del encuentro, en la Hummer blanca, Francisco Mota Uribe, conocido como El Chito y yo. Íbamos camino a la capital del estado cuando una patrulla nos detuvo. Los policías nos pidieron que bajáramos de la camioneta y nos subieron a su automóvil. Me pareció muy raro lo que estaba ocurriendo, así que le envié tres mensajes por teléfono móvil a mi hermana Irene: 'avísales a todos, nos llevan en patrulla hacia Veracruz… nos llevan detenidos'.

"Los uniformados se dieron cuenta de que estaba enviando mensajes y me quitaron el aparato. En ese momento desaparecí. Nadie ha vuelto a saber de mí", reza la publicación que sobre el caso de Ortega se publicó en el sitio de internet Nuestra Aparente Rendición.

Carlos cubría casi de todo en el periódico para el que trabajó. Sabía qué molesta a los gobernantes: cubrir ciertas protestas. No importa quién las haga. Simplemente no quieren que se publiquen. La mayoría de las manifestaciones se realizan en la plaza Lerdo, frente al Palacio Municipal, cuyos vigilantes y espías se dan cuenta de quién acude primero, a quién entrevista y qué tipo de preguntas hace. Para él, tan difícil es la cobertura social o política, las protestas y otros eventos, como el narcotráfico y los hechos violentos.

¿Cómo trabajar en medio de tanta muerte?
Como los otros reporteros que te decía, los que asesinaron, pues yo trabajé con ellos, pero veía eso como algo lejano, que no me iba a ocurrir. Y después de eso, me di cuenta de que me puede pasar a mí y a otros. Sí ha cambiado mi vida, después de la represión contra plantones y otras protestas, y la cobertura realizada, cambió mi vida, mi trabajo. Tengo amigos que no trabajan en el periodismo, y les platico y se asustan, ya no quieren salir conmigo. Ya no puedo emborracharme, como en otros años, porque a lo mejor me agarran por ahí. Sí, tengo mucho miedo, eso no lo puedo negar. Aunque se pueda ver la ciudad muy tranquila, en cualquier momento puede llegar alguien, una patrulla, te van a hacer algo, te van a dañar.

Como a muchos reporteros, le tocó cubrir algunas de las manifestaciones públicas de los maestros inconformes con la reforma educativa. De cerca, vio cómo se preparaban los agentes estatales para agredir a los docentes: dos de ellos llevaban desarmadores en los bolsillos de sus chalecos, y mientras avanzan pican en espalda, costillas y panza a los inconformes. Llevan armas de fuego y toletes eléctricos. A él lo ven, lo insultan, empujan. Llama al oficial que está a cargo del operativo, para que les llame la atención a los agentes. No pasa nada.

"De repente, los policías me empiezan a agarrar de piñata, me empuja uno y luego otro, y no nos dejan pasar los polis, y uno como de cincuenta años me busca pleito, me empuja y amenaza, me dice 'yo sí te voy a partir la madre'. Yo le contesto 'si no te estoy haciendo nada'. Llega un comandante, le digo que me acaba de amenazar, lo señaló, y no hace nada. Él me seguía diciendo que me iba a partir la madre. Cuando pasó a mi lado, me dio otro empujón. Hasta que llegaron otros reporteros y me llevaron con ellos. Te está provocando, vámonos. Y nos fuimos."

A partir de 2013 y después de actos represivos de parte del gobierno de Duarte en contra de jubilados, estudiantes y docentes, empezaron a seguirlo. Es gente armada que lo espera afuera de su casa, cuando entra y sale. Lo siguen y hasta al cine lo acompañan. El lunes previo a esta entrevista, en Xalapa, la vigilancia se intensificó y ahora no lo dejan. Él cree que escucharon la conversación o leyeron los mensajes en los que decía que se encontraría con un periodista para hablar sobre su caso.

Durante la comparecencia del secretario de Seguridad Pública, Arturo Bermúdez, ante los diputados locales, los periodistas se preparan para protestar por tanta persecución y hostigamiento que sufren los comunicadores. Se juntan como abejas africanas, personal de vigilancia del Congreso del Estado trata de replegarlos y luego de negociar con ellos, consiguen que se alejen del lugar donde comparecerá el funcionario. Cuando pasa frente a ellos, los fotorreporteros le avientan una baraja de fotos en las que los agentes de la SSP golpean a periodistas y maestros con saña, aquel septiembre de 2013.

"El presidente del Congreso les dijo que permitieran la comparecencia. Se los llevaron a otro lado, y cuando ya se iba el secretario agarraron las fotos y se las aventaron… 'la foto del recuerdo, secretario', le dijeron, casi cacheteándolo con ellas. Bermúdez alzó el brazo, como intentando protegerse. Y mientras se separaban, subían y bajaban, como si las fotos tuvieran alas, aparecieron en el aire las imágenes de la represión sufrida. Iban cayendo las fotos donde se ve a los policías pegándoles a los maestros, con los toletes eléctricos. Muchas de esas fotos las había tomado Rubén Espinosa. Era diciembre de 2013."

En 2014, un fotógrafo se manifiesta solo, en la legislatura local. Entra para cubrir, pero una vez en la sala de sesiones, saca una cartulina con la leyenda "¡Justicia para periodistas!", hasta adelante. Un agente vestido de traje, pero con la insignia de la policía bajo el saco, lo empuja y golpea. Quiere deshacerse de él, arrancarle la cartulina. Los fotógrafos que están cubriendo la reunión se dan vuelo tomando fotos y video. Un par de diputados le preguntan en voz alta al secretario si ésa es la policía que se tiene en Veracruz: golpeadora de periodistas. Cuando le preguntaron, Bermúdez respondió que él no conocía al periodista que se había manifestado… ni al policía.

"Muchos policías en la calle me ubican. Me doy cuenta de que al pasar hablan por radio: 'Va para allá.' Son muy malos para hacer su trabajo porque resulta muy evidente. O tal vez se trata de eso, de que me dé cuenta. Recientemente, un amigo me contó que me vio pasar por Chedraui. Él iba con su novia y me dijeron 'no manches, atrás de ti llevabas cuatro policías', y yo que según me cuido, pero no vi nada. Me dijo 'te iban siguiendo, no iban pasando, iban atrás de ti'. Fotógrafos que tienen cierta relación con secretarios del gabinete, que me conocen, me dijeron 'ya cálmate', de qué o por qué… 'te están vigilando. Mejor bájale, éstos son bien cabrones'", cuenta Carlos.

Ahora va a su casa. Terminó su vida social, acaso un café esa tarde de lluvia. El sol se asoma un poco y los habitantes de la capital veracruzana se quejan del calor. No saben que las nubes se las llevó Carlos, quien, de regreso a casa, seguro se topará con sus vigilantes y con el policía que lo espera afuera de su domicilio, vestido de civil, acariciando las cachas de su pistola, para hacerse notar, para que lo vea: con enferma obsesión.

Chocolates

Era 2012, la parcela infernal ya se había instalado en Veracruz, en complicidad con el gobierno de Duarte, emanado del Partido Revolucionario Institucional (PRI). Activistas, periodistas y dirigentes de organizaciones sociales acudieron a un foro convocado por integrantes del movimiento YoSoy132, para abordar el tema de la libertad de expresión. Entre los asistentes estaban Daniela Pastrana, de Periodistas de a Pie, Laura Salas y Mike O'Connor, del Comité para la Protección de los Periodistas (CPJ). Algunos de ellos iban al puerto, así que decidieron dejar a O'Connor, ese viejo corresponsal de guerra y valiente defensor de los periodistas, en su hotel, en un céntrico sector de Xalapa. Lo dejaron ahí, en la esquina del edificio del hotel, a unos pasos de la entrada.

Quedaron de pasar por él a las ocho horas del día siguiente y estaba indispuesto. O'Connor –quien murió en diciembre de 2013, de un infarto, en la Ciudad de México– de origen alemán, con un español perfecto, no ingería bebidas embriagantes. Una empleada del hotel lo describió como "el gringo andaba bien borracho y acaban de subirlo al cuarto". Uno de ellos subió al cuarto y lo vio dormido: efectivamente indispuesto. A mediodía, tras varios intentos y llamadas telefónicas, lograron comunicarse con él y recogerlo, para regresar juntos a la Ciudad de México. No hablaron mucho sobre lo que había pasado, pero sí que el activista había tomado pastillas porque padecía migrañas espantosas que llegaban a tumbarlo por días y que había aparecido, de repente, una bolsa de chocolates en la mesa ubicada junto a la cama, en el cuarto de hotel, al día siguiente de su llegada.

"Después de eso regresamos, venimos platicando y ya más en serio nos dice que tenía que avisarle a Carlos Lauría –director y coordinador senior del programa del CPJ para las Américas, con sede en New York–, y ya no quiso regresar. Cada vez que le decíamos vamos a Xalapa, él respondía no, no y no", dijo una de las personas que estuvo en esa travesía.

Era muy del estilo de la policía política veracruzana: hacer ver y sentir, enterar a sus "visitantes" que saben que están ahí y qué hacen, con quién y dónde. Y para recordárselos, les mandan "detalles" como el de los chocolates.

Entrevistado vía telefónica, Lauría manifestó que en su momento O'Connor le informó sobre esto y le escribió en un *e-mail* enviado de aquella fecha: "Que bueno que dejaron chocolates… los chocolates fueron un lindo toque, como tienen cafeína los comí todos y me ayudaron con la migraña. Todo el tema no es más que un pequeño mensaje de que el Estado sabe o quiere que sepan que están alrededor. Por supuesto que es el Estado. Los chicos malos (*bad gays*, en inglés) tienen otras tácticas."

Señaló que la visita de Mike a Xalapa tuvo una connotación importante porque antes que él estuvo John Lee Anderson, corresponsal extranjero en uno de los estados más violentos del mundo, para toda la población, pero sobre todo para los periodistas. Lauría dijo que el detalle de los chocolates es "tan interesante como desconcertante", y explicó que el CPJ siempre ha tenido mucho cuidado en los movimientos que realizan sus activistas en regiones conflictivas, como México.

"Para nosotros, era mejor que no fuera a esas zonas, por los niveles de peligro y no hay que correr riesgos. Y si acaso iba, porque Mike lo hacía, a Veracruz o Tamaulipas, tenía que llamar todos los días, de mañana y en la noche, para saber que todo iba bien, a pesar de todo", sostuvo.

A activistas y periodistas que acuden a Veracruz, recordó una connotada defensora de los derechos humanos, les pasan cosas así: no hay amenazas directas, pero no hacen falta, pues se colocan desconocidos junto a ti para mostrarte que van armados y saben que estás ahí, husmeando.

"Un joven de una red de periodistas llegó al hotel un día antes que el resto de sus compañeros, en la capital veracruzana. Cuando llegamos nosotros, nos contó que había unas pisadas de la entrada de su cuarto al clóset y que ahí se perdían. Le dije 'bienvenido a Xalapa'… esas cosas pasan allá. Y las llamadas, dos personas platicando y ambos tienen llamadas del otro, o bien uno de ellos volando en avión, y tiene llamadas perdidas a pesar de que va con el teléfono apagado.

"Cuando estás ahí entiendes que no es paranoia, que sí pasan, que sí te siguen, que son cosas muy obvias y en ocasiones no es para hacer daño, sino que son para estar chingue y jode, chingue y jode, y chingue y jode, y que te hartes. Tienen mucho la costumbre de enseñarte el arma, que te dé miedo, que te des cuenta. No la sacan ni nada, sólo para que los veas."

Quiero una pistola

La reportera les anunció a sus compañeros periodistas que iba a participar en un foro internacional, quería denunciar las condiciones en que realizaban sus labores en los medios de comunicación, las amenazas del narco, los malos tratos en que incurren las empresas, la desprotección generalizada, la censura, las desapariciones y asesinatos. Preguntó a quienes la oían, qué quieren que lleve.

Ella se refería a si tenían alguna propuesta o caso que ellos querían que denunciara. Si les interesaba que tocaran alguna idea sobre la forma en que realizaban sus trabajos periodísticos, la actitud del jefe de la policía en sus tratos con los reporteros, la corrupción, los abusos, etcétera. Uno de los reporteros, quizá el más joven pero igualmente aguerrido, le respondió en seco y con dos palabras: "Una pistola."

Ella se le quedó viendo, azorada. Todos guardaron silencio. Miraban a uno y otro, expectantes. Ella respondió que no. Ni la voy a conseguir ni voy a permitir que alguien me proporcione un arma ni la voy a llevar y mucho menos la voy a usar. El silencio se hizo brumoso: todos estaban ahí, dentro de ese ambiente que parecía noria seca, abandonada y negra, en la que no se veían ni se tocaban, sólo se sentía la tensión, el temblor de las extremidades, los ojos bailando y sin moverse del centro de las cavidades.

Venían de enterrar amigos. De ráfagas cuyas balas pasaban muy cerca. Muchos sepelios juntos, todos ellos dolorosos y algunos muy profundos y desgarradores, en esos días. Activistas ahorcados en homicidios disfrazados de asalto, periodistas desaparecidos, una reportera abusada sexualmente y ultimada a tiros. Y ellos ahí, sentados en círculo, atrapados en una vorágine de sangre y muerte, de miedo y ojos quebrados por el insomnio. Saldos de sostenerle la mirada a la señora de la guadaña, que pasa a distancia de hormiga, pero pasa de largo.

"Tas pendejo. Cómo se te ocurre proponerme una pistola, güey. Es cierto que están duros los chingazos, que nos duelen los compañeros muertos, pero no podemos hacer lo mismo que ellos: matar, vengarnos, hacer justicia por mano propia. Entiendo que estamos todos encabronados, impotentes, pero no creo que ésta sea la solución. Además, qué puedes hacer con una pistolita si ellos usan cuernos de chivo y aerrequince. Pos nada."

El joven aludido escuchó con atención. Se sacó las manos de las bolsas del pantalón y dijo que el arma no la usaría para defenderse. Explicó. Lo hizo con una parsimonia de tortuga y una claridad científica: "Ese día que vengan por mí, no me van a llevar… la pistola la quiero para salvarme, para pegarme un tiro antes de permitir que me lleven."

Botón de pánico

Carlos es uno de los pocos periodistas que en el país tiene un botón de pánico. Es un aparato de la mitad de tamaño de un teléfono celular, con varios botones. Uno de ellos, el de pánico, significa que está en peligro. Es entonces cuando funcionarios de la Secretaría de Gobernación, de quien depende este programa de protección hacia comunicadores, intervienen, intentan ubicarte, llaman por teléfono y buscan la manera de guarecerte. Suman veinte periodistas y activistas que lo tienen a nivel nacional, varios de ellos en Veracruz. Pero Carlos, quien ya lo ha usado, cree que es un fracaso y una forma de espiarlos. En nadie, asegura, se puede confiar.

"Yo estoy en el mecanismo, tengo mi botón de pánico, pero también tiene un modo espía y aunque no lo traiga activado, Segob escucha todo: abre las bocinas (micrófono) y sin que me dé cuenta, escucha mi conversación. La otra vez iba llegando a mi casa, aplasté el botón de pánico y tardaron como diez minutos en responder. Cuando uno no contesta, ellos abren la bocina para escuchar la conversación, es una función fantasma. Ellos escucharon la conversación", contó.

Si aprietas el botón –explicó–, se supone que te marcan por teléfono inmediatamente y te preguntan si estás bien, pero si no contestas activan el modo fantasma y abren el micrófono, escuchan todo.

"Hicimos una prueba y no me llamaron. Todos se han quejado de eso, que no funciona. Me quieren mandar a la policía estatal y son ellos con los que tengo problemas. Tardaron como diez minutos en contestar, y mientras le platicaba a mi amigo, me contestaron, luego preguntaron, 'cómo no contestó', les dije que no me habían marcado, y me respondieron 'pero activamos el modo fantasma y escuchamos que le explicaba a su amigo lo del botón'."

Comité de recepción

Es un editor con experiencia en medios nacionales de la Ciudad de México. En diciembre de 2015, fue invitado a fungir como editor del diario *La Opinión*, de Poza Rica, Veracruz. Al parecer, el medio estaba inmerso en una crisis que podía provocar el cierre de la empresa, a lo que se agregaban conflictos entre la familia de los dueños y las agresiones del crimen organizado en la región.

"Uno de los dueños se había apoderado del periódico y tenían una bronca familiar fuerte, pero nos ofrecieron trabajar en ese proyecto. Desde el primer día estuvo todo muy accidentado, nos instalamos y nos presentaron, fuimos por el equipaje, pero cuando regresamos había gente con armas de alto poder en el periódico y no nos dejaron entrar. Nos fuimos y nos volvieron a llamar diciéndonos que ya había condiciones para regresar y regresamos, pero tres meses después", recordó.

Aunque los hombres armados no portaban uniformes y evidentemente no formaban parte de ninguna corporación policiaca, todo parecía indicar que eran personas del crimen organizado y que éste estaba a favor de uno de los bandos en pugna.

"Volvimos sin problema después, cuando José Reygosa subió a la dirección y yo a la subdirección... pero siguieron los problemas, aun cuando llegamos y nos instalamos, no había condiciones para quedarnos. Nos tuvimos que enclaustrar. No podíamos salir y teníamos que andar con todo el cuidado posible: de la casa al periódico y del periódico a la casa, con seguridad. Nos asignaron escoltas por parte de la empresa", dijo.

Al principio –agregó– no temían porque creían que todo estaba resuelto, pero luego hubo agresiones contra un reportero, después contra el contador, más tarde contra el jefe de información y el siguiente iba a ser él.

"Hubo un ataque directo. En abril tenía que salir a la Ciudad de México y la persona que me asignaron había dejado su arma, porque creía que no era necesario y estábamos muy cerca. Me iba a trasladar a la central camionera y gente de los malosos se vinieron encima de inmediato. Nos tuvimos que escabullir y perdernos, me dejó en la central camionera, ya resguardado. Tuve que ausentarme varios días para saber cómo estaban las cosas. Nos dijeron que el objetivo era agredir al escolta… pero no me la creo."

Muchos reporteros de *La Opinión* de Poza Rica tienen entre quince, veinte y hasta cuarenta años en ese periódico, y así, con las condiciones de inseguridad y los cacicazgos del sindicato petrolero, realizan sus labores.

"Cabe mencionar que Veracruz es donde Duarte tuvo la desfortuna de decir en su discurso que los periodistas se anduvieran con cuidado. Bajo esa amenaza uno tiene cuidado, hay que andarse con cuidado. El periodismo es complicado en estas regiones: porque es zona petrolera en declive estrepitoso, hay la posibilidad de que se convierta en tierra de nadie, por el desempleo, los caciques petroleros que se quedaron son prepotentes, el presidente municipal de Poza Rica es secretario del sindicato de petroleros, un día despacha como petrolero y otro como alcalde, y hay una miseria que se expresa con más fuerza."

Entonces, ¿por qué quedarse?
Fue un reto personal. Mi intención no era quedarme, pero quiero saber cómo trabajan los compañeros en una situación de riesgo de esta naturaleza; donde he estado ha sido un poco cómodo, y quise tomarlo como experiencia, sin caer en el riesgo total. Pero también es solidaridad

con los compañeros, hay alrededor de 250 trabajadores que dependen directamente y mínimo cada uno mantiene a tres personas. Se iba a cerrar el periódico, le apostaban a eso, y fue una aventura.

Los compañeros están hartos de que los empresarios estén peleando, que los afecte el momento, y el crimen organizado. Hay crisis, muchos de ellos no tendrían a dónde ir, tienen veinte años y sin título. Los otros periódicos son muy chicos y están cerrando, y ellos dicen "¿para dónde nos hacemos?"; yo quise experimentar, ver qué se podía hacer, cómo convivir, hacer periodismo, con el mismo riesgo y al mismo tiempo trabajar de manera solidaria, para que el riesgo fuera disminuyendo, y así ha sucedido para el medio, pero no para los periodistas, porque siguen ahí los mismos grupos de poder.

La vida, los días, la muerte coqueta, en los trajines de una reportera nobel

El 21 de julio del 2011, llegué a laborar al periódico, como todos los días. El ambiente estaba enrarecido. Entonces escuché "mataron a Milo"; yo tenía poco más de seis meses de reportera en un periódico local y aún me faltaba mucho por conocer, pero sí sabía quién era Milo: un conocido columnista y jefe del *Notiver*, el medio con más tiraje a nivel local. Pero fue hasta que escuché a uno de mis compañeros llorar, decir desesperado, también mataron a Misa (hijo de Milo), quien tenía mi edad, veintiún años, y habíamos coincidido en algunas salidas nocturnas con los compañeros más jóvenes del gremio. Ahí me quedé sin aliento.

Los detalles que durante el día comencé a escuchar del crimen me ponían la piel de gallina cada vez que lo mencionaban. Comencé a tener miedo. Conforme pasaron los días, el sentimiento de temor se apoderó de todos, y más de los compañeros de la fuente policiaca.

Fue un mes después, el 26 de julio, cuando verdaderamente pasé uno de los días más aterradores de mi vida. Era muy temprano, me dirigía al diario en el que laboraba, entonces una compañera me llamó a mi teléfono móvil. Sonaba muy asustada y desesperada. Me dio sólo una indicación: "No llegues al periódico, no te acerques. Luego te explico, por teléfono no puedo."

Estaba en un curso, muy cerca de la oficina donde pasaba prácticamente todo mi día, y ahí me enteré: el cuerpo de Yolanda Ordaz, reportera de nota roja de *Notiver*, había sido arrojado en la puerta de entrada.

Ese día, todos los que laborábamos en el pequeño diario, que tenía poco de haber sido fundado, lloramos. Yo no la conocía, lloré de miedo. El mensaje era clarísimo. Los dueños intentaron hablar con los altos mandos policiacos del estado. No sirvió de nada. Uno de mis mejores amigos había sido también amenazado y con él el editor del diario. Nos prohibieron salir solos. A ellos los enviaron custodiados por la policía. Tenían que desaparecer unos días y esperar a que todo se calmara.

El 28 de abril de 2012 celebraba mi cumpleaños, riendo, cuando un mensaje llegó al celular de uno de mis amigos. Se puso pálido. Sólo dijo "mataron a Regina", y estuvo texteando cinco minutos más, se despidió y salió disparado a la capital del estado, a una hora y media de donde estábamos. Regina Martínez, corresponsal de *Proceso*, había sido asesinada en su vivienda.

Los asesinatos siguieron. Muchos compañeros se fueron del estado con sus familias, temían por sus vidas. Con el tiempo volvieron; algunos de ellos fueron asesinados tiempo después: Gabriel Huge Córdoba, Guillermo Luna Varela y Esteban Rodríguez; con ellos también encontraron el cuerpo de Irasema Becerra, empleada administrativa de un periódico. A ellos los conocía, sobre todo coincidimos en las manifestaciones. Sus cuerpos cercenados fueron hallados en cuatro bolsas en el canal de La Zamorana, cinco días después del asesinato de Regina.

La violencia contra periodistas se ha vuelto costumbre, pero no sólo por los delincuentes, también ciudadanos de a pie, manifestantes y policías agreden a los reporteros, fotógrafos y camarógrafos, mientras realizamos nuestra labor.

Durante las manifestaciones en contra de la reforma educativa, varios fuimos agredidos por miembros del Movimiento Magisterial Veracruzano. Nos cerraron el paso, intentaron volcar las unidades móviles, nos bajaron y comenzaron a gritarnos "¡vendidos!", a los que habíamos ido a cubrir su movimiento. Explicarles que la línea editorial de nuestro medio no depende de nosotros, era inútil. Seguían las agresiones verbales, hasta que comenzaron los empujones, entonces entre todos nos defendimos y salimos de ahí rápido. Era una veintena de periodistas contra cientos de maestros.

Como estos altercados hay muchos. Contra profesores, contra policías que siempre nos toman fotografías con sus teléfonos celulalres, nos graban y si hacemos grabación en video de ellos, se molestan y amenazan incluso con quitarnos los equipos de grabación.

Han pasado seis años desde que comencé mi labor periodística en Veracruz, pero el riesgo para nosotros parece no disminuir. Con la desaparición de los cinco jóvenes de Tierra Blanca tuve el encargo –como la mayoría de mis compañeros–, de encontrar el rancho El Limón, donde presuntamente fueron hallados miles de fragmentos óseos; era una carrera entre nosotros, porque todos los medios querían la primicia.

Con tres compañeros nos dimos a la tarea de buscar el sitio, usando las informaciones hasta el momento publicadas. Viajamos más de hora y media, y durante por lo menos cuarenta y cinco minutos fue en caminos de terracería, veredas y entre cañales; siguiendo las indicaciones de los lugareños, que nos guiaban hacia donde habían visto a la Gendarmería Nacional.

Cuando pensábamos que volveríamos sin nada, vimos el encintado amarillo en un lugar donde no había señal de teléfono y no podíamos ubicar en el GPS; observamos a lo lejos un par de patrullas de la Policía Estatal y nos estacionamos justo en la entrada principal.

Comenzamos a caminar, éramos cuatro; rodeamos el perímetro, tomamos video y fotografías, sin problema, sólo con la extraña sensación de que alguien nos seguía entre la tupida vegetación.

Escuchamos un grito, no recuerdo ni qué dijeron. Vi desde la parte de afuera de la valla como a diez policías corriendo hacia nosotros, en formación, y cubriéndose entre los árboles y usando las rocas como barricada; uno de mis compañeros, el más alto, se puso frente a nosotros y levantó ambos brazos con su cámara fotográfica en una de ellas y gritó, "¡Somos prensa!, ¡somos reporteros!", una y otra vez.

Los policías se habían acercado mucho más, nos apuntaron y cortaron cartucho. Sólo podía pensar "aquí nadie nos va a encontrar jamás". Los dos chicos se pusieron frente a nosotras, éramos dos reporteras, un camarógrafo y un fotógrafo. Los policías seguían agazapados, gritándonos, hasta que el comandante se acercó y les dijo que bajaran las armas. Uno de ellos lo ignoró y siguió apuntando. Estaba frente a mí. Nos rogó para que nos moviéramos de ahí, repitiendo una y otra vez que era muy peligroso. No sabía quién tenía más miedo, si ellos o nosotros.

Nos escoltaron, bordeando la valla, hasta donde estaba el auto. Nos regañó por no haberles avisado de nuestra presencia. Pidió nuestros nombres y medios, los anotó en una libreta y nos dio información que fue muy útil para la nota. Ahí nos enteramos de que no era el rancho El Limón, sino otro más que estaba asegurado. Entonces nos pidió que nos fuéramos.

Cuando salíamos entre los cañales, nos topamos de frente con un convoy de la Gendarmería Nacional. Se abrían paso a toda velocidad.

Los reporteros de Veracruz nos cuidamos. A través de grupos, estamos pendientes de los que tienen alguna encomienda. Hemos aprendido a laborar con la situación de inseguridad e impunidad. Mientras, la mayoría de los medios sigue pagando sueldos bajísimos, sin dar a sus trabajadores prestaciones y exigiéndoles cada vez más.

Somos alfiles dentro de un ajedrez, en el que los dueños y los políticos tienen los roles principales.

El gobernador de Veracruz debe renunciar

Por Carlos Lauría

Director de Programa y coordinador senior del programa de las Américas del Comité para la Protección de los Periodistas (CPJ)

El estado de Veracruz se ha convertido en una de las regiones más letales para la prensa en todo el mundo. Según las investigaciones del Comité para la Protección de los Periodistas (CPJ, por sus siglas en inglés) incluyendo el reciente caso de Anabel Flores Salazar, cuyo cadáver fue hallado el martes, al menos doce periodistas fueron asesinados en Veracruz desde la asunción del gobernador Javier Duarte de Ochoa en 2010 mientras otros tres han desaparecido y su paradero es desconocido. Otros grupos de defensa de la libertad de prensa, utilizando criterios distintos, han documentado cifras superiores.

Veracruz ha sido durante largo tiempo un punto central para el trasiego de drogas en México y por eso sería injusto apuntar al gobernador Duarte como único responsable del alto nivel de violencia en el estado. En cambio, el mandatario sí puede ser considerado responsable por el fracaso para impartir justicia en cualquiera de estos casos y por el ambiente tan viciado para ejercer el periodismo.

El gobernador es, sin lugar a dudas, un personaje polémico. Durante su gestión ha sido seriamente cuestionado por distintos sectores: sobre el mandatario estatal pesan sospechas de corrupción administrativa y supuestos vínculos con organizaciones del crimen organizado.

Duarte ha negado enérgica y repetidamente todas estas acusaciones. Sin embargo, en el interés público del pueblo de Veracruz, los periodistas deberían ser capaces de cubrir estas cuestiones sin temer por su vida. De hecho, ese es uno de los roles centrales de la prensa: hacer responsables a los funcionarios públicos por sus actos.

Por desgracia, el miedo hace que el trabajo informativo sea una tarea imposible en Veracruz. En el caso más publicitado, el fotógrafo Rubén Espinosa huyó del estado rumbo a la Ciudad de México en julio pasado tras recibir amenazas de muerte. El fotoperiodista apareció asesinado junto a cuatro mujeres en un departamento en la Ciudad de México, en un caso que generó conmoción a nivel internacional.

Univision.com
11 de febrero de 2016

Epílogo que no lo es

La reportera de Current TV y corresponsal de guerra agotó su suerte en Sinaloa, pero no del todo: sigue viva.

Laura es una periodista de origen chino, con residencia en Estados Unidos. Pasó por Sinaloa, después de realizar la cobertura de zonas de guerra, como Medio Oriente, para reportear los enfrentamientos, las ejecuciones y los operativos, luego de la fractura del Cártel de Sinaloa en dos bandos.

"¡Oh, my God!", repitió cada vez que veía los cadáveres tirados en medio de la calle, sobre el mar rojo que avanza y avanza bajo sus espaldas. Al expresar esa frase tan repetida por muchos, en ella se lograban escuchar los signos de admiración: su boca abierta, sus ojos desorbitados queriendo explotar, su voz quebrada como preludio de lluvia y tormenta.

Ella había estado en zonas de guerra, bombardeos de hospitales, detenciones arbitrarias, matanzas y juicios sumarios. Irak, por ejemplo, había sido su abono del infierno, del que logró salir sin rasguños en la piel, pero con grietas en el alma. Ahora estaba en Culiacán, la cuna del narcotráfico, la sede del Cártel de Sinaloa, la organización criminal más poderosa del mundo, el santuario de los capos.

Oh mai gad. Repetía y el rostro se le transformaba. Entre lívido y amoratado por el dolor, la herida ajena que era propia, la vida arrancada de un balazo de cuerno de chivo, y de repente pum. El golpe seco de la víctima en el asfalto culichi: las miradas de los niños, atrapadas en esa escena de muerte, los adultos azorados y poseídos por la sangre y el cadáver y los orificios emanantes, la familia soltando el llanto y los gritos y la rabia y los asideros, al borde del abismo.

Miguel Ángel Vega, reportero de *Ríodoce*, fue su *hostess* en esa antesala infernal en que se había convertido Culiacán: ciudad rehén y zona de ejecuciones, entre los bandos de Joaquín Guzmán Loera, El Chapo, y los hermanos Beltrán Leyva, luego de la captura —supuesta entrega por parte de Guzmán y de Ismael Zambada García, El Mayo—, de Alfredo Beltrán Leyva, El Mochomo, en la colonia Burócrata, de Culiacán, a manos de un grupo de élite del Ejército Mexicano.

A Vega, Laura lo contactó mediante otros reporteros extranjeros que realizaron coberturas de hechos violentos en Sinaloa. Una vez acudió a Los Ángeles, California, y ahí se encontraron. Él les explicó lo que pasaba en la capital sinaloense; ella, acompañada de una joven identificada como Jénifer y de un camarógrafo de nombre Mitch, amigo de Laura, quien había ido con ella a todas las batallas.

"Él me contacta y les digo que sí me interesa. Él me contacta a mí pero antes fui a Los Ángeles y los conocí. Me dijeron qué querían. Querían algo fácil: el ambiente en Culiacán, los cambios de dólares en la vía pública, las bandas de música, los hechos criminales, y saber qué se sentía estar en Culiacán, la ciudad más violenta del mundo. Quería conocer más el ambiente, había estado en el medio oriente, en Irak, y también en Corea del Norte, y me platicaba cómo era Corea porque la vez que estuvo allá no fue suficiente y quería más. Quería volver", recordó Vega.

Ya en Culiacán, Vega se encargó de contactar a varios fotógrafos, entre ellos Arturo Tolosa, que realizaban preferentemente cobertura policiaca, para que les avisaran si había algún hecho delictivo y pudieran acudir a grabar.

En los trajines, buscaron otra mirada respecto al narcotráfico. Entrevistaron al doctor Guillermo Ibarra, ex director de la Facultad de Estudios Internacionales y catedrático de la Universidad Autónoma de Sinaloa (UAS), y a Ismael Bojórquez, director del semanario *Ríodoce*, que circula en esta entidad y realiza investigaciones sobre crimen organizado.

Pero lo que más la quebraba eran las escenas de muerte. Los crímenes. Y sobre todo las reacciones de la gente, los familiares, junto al cadáver y sobre ese suelo resbaladizo de vísceras y sangre, en que se había convertido Culiacán: zona de ejecuciones, de refriegas, del son de las ametralladoras, nido del fusil automático AK-47; gigante mesa forense, morgue inconmensurable para decapitados, torturados, cadáveres colgados de puentes peatonales, cinta amarilla que no alcanza para delimitar la zona del crimen, sangre que avanza y llega a las salas y los comedores de los hogares de esta ciudad sin Dios.

"Le impactó mucho ver todo esto. Dijo que era muy cruel porque mataban gente, como si nada pasara. Ella se espantaba porque lo que vio no era sólo la muerte, el cadáver, la sangre, sino el duelo: que llegaba la esposa, la mamá o alguien conocido del muerto y empezaban a llorarle, a gritar."

En sus recorridos, incluyó las bandas de música regional —la también llamada tambora, y los conjuntos norteños, conocidos como chirrines—, que ofrecen sus servicios en céntricos sectores de la ciudad. Quiso también grabar imágenes de la zona en la que se cambian dólares. Se llama El Mercadito, porque ahí cerca está el mercado Rafael Buelna, uno de los más viejos de la ciudad. En sus calles aledañas, hay furtivas casas de cambio y no tan furtivas. Las mujeres, que parecen de pasarela de desfile de modas, se muestran en las aceras con sus calculadoras y sus caderas abultadas, hacen señas para que los automovilistas se detengan. Reciben y entregan dólares, según sea el caso y el tipo de cambio. Las jóvenes desaparecen y regresan con bultos de billetes, para entregarlos a los clientes, que esperan dentro del vehículo y regularmente con el motor encendido.

Laura vio el cínico y público mercado negro de dólares. El lavado de dinero al menudeo y no tan pequeño, por las cantidades que ahí se manejan. Todo a la vista, expuesto. Las mujeres dan sombra a las banquetas y la ciudad no se calienta, ni la policía, por tanto movimiento de billetes verdes en esta zona. Todo sigue igual. Y todo cambia. La corresponsal acudió también, con Miguel y su camarógrafo, a la comunidad Santiago de los Caballeros, en la sierra del municipio de Badiraguato —al norte de Culiacán—, para que conociera la vida de la gente que se dedica a la siembra de mariguana y amapola en la zona montañosa del noroeste de México. Santiago de los Caballeros, donde nació Ernesto Fonseca

Carrillo, conocido como Don Neto, actualmente preso, quien fundó el Cártel de Guadalajara, una de las primeras y principales organizaciones criminales, insumo toral para el nacimiento del Cártel de Sinaloa.

Eran tiempos violentos, sin parangón en la historia de la entidad: los días se contaban por muertos –diez, en promedio– y las hojas en los calendarios comenzaron a caducar, a extinguirse rápidamente. Evaporadas, disueltas en el rojizo, amarillento, anaranjado y azul cielo culichi.

Fue en 2009, un año después del quiebre del cártel. Ese año sumaron cerca de 2 mil asesinatos, cerca de 166 muertos al mes, y fue también cuando atacaron a medios de comunicación. En el diario *El Debate* se hizo explotar una granada de fragmentación y otra en la fachada del semanario *Ríodoce*. Ambos atentados provocaron daños materiales y un susto que abrió heridas y limitó el trabajo periodístico de éstos y otros medios informativos locales.

Llegó la hora de que Laura y su equipo se retiraran a Los Ángeles. Luego Miguel Ángel, que acostumbra hacer amistades con todos los que acuden a él para reportear esta zona de guerra, los buscó en Los Ángeles. Fue así que se enteró del episodio fatal que había manchado para siempre el alma guerrera de esa periodista de origen oriental. Ya no eran sólo sus ojos rasgados y su silueta menuda y hermosa: su vida quedó disminuida y de ese brillo galopante en su mirada quedaba un abono, un chisguete, los restos de su vida destruida, el recuento de los daños, jirones de piel y alma, pedazos de humanidad y pasión. Para siempre.

Laura y Mitch fueron a Corea del Norte, cerca de tres meses después de su estancia en Culiacán. Ella había estado ahí, cubriendo diferentes conflictos, viendo la forma de vida, recuperando testimonios, queriendo enterarse de los ensayos militares y las supuestas pruebas nucleares realizados por el gobierno de ese país comunista. Pero no le bastó. Guerrera del periodismo, trashumante de las balas y el humo incendiario del apocalipsis, volvió. Ella y su camarógrafo ingresaron clandestinamente, por la frontera sur. Bastaron unos cuantos pasos, tal vez avanzaron alrededor de cincuenta metros, cuando escucharon ruidos y gritos. Mitch corrió azorado. Ella también pero cayó y se lastimó una pierna. La capturaron.

De Mitch, su amigo de siempre, no supo más.

La reportera fue apresada y encerrada. Ahí fue torturada y abusada sexualmente. Aguantó alrededor de diez meses, en medio de una intensa y salvaje tormenta física y psicológica. Hillary Clinton era secretaria de Estado, de Estados Unidos, empezó las gestiones para su liberación y fue su esposo, Bill, ex presidente de Estados Unidos, quien encabezó la delegación que negoció el regreso de Laura a su país. Nadie sabe, y así lo cuenta Vega, qué negoció el gobierno estadunidense para lograr excarcelar a Laura, pero ella volvió a su país, a su ciudad, marcada.

Ya no sale a la calle a reportear y mucho menos viaja a países en conflictos bélicos. Vive en otra ciudad, casi a escondidas y desempeñando una trabajo dentro de la oficina de un medio de comunicación importante. No quiere hablar con nadie y menos con esos que le recuerdan su pasado, del que quedan añicos. Dice Miguel Ángel que en Culiacán agotó su suerte, luego de haber aguantado meses tras el asesinato de Édgar Guzmán, de veintidós años, hijo de El Chapo, en el estacionamiento del centro comercial City Club, en mayo de 2008; y de una cavernaria cacería de enemigos que antes eran amigos, socios, parientes, compadres.

"A ella le tocó la guerra. Ya habían matado al hijo del Chapo y había un desmadre. Se había fracturado el Cártel de Sinaloa. Le tocó vivir todo esto y en aquel momento tratamos de no entrar a lugares complicados, riesgosos. Ahorita (2016) tal vez podamos conseguir a pistoleros, si los quieren entrevistar, pero en aquel tiempo no. Era muy riesgoso, complicado. No podíamos meternos tanto. Cubríamos ese ambiente pero desde fuera, en esta profesión de nosotros es un poco de suerte, porque te pasa lo que me ocurrió a mí con los rusos: nos topamos con un comando y te toca toda la violencia del mundo. Sobrevivió a lo que pasó aquí, pero creo que jugó mucho con su suerte o invirtió toda su suerte en Culiacán y llegó allá sin suerte. Se le acabó todo."

O casi todo. De las torturas y violaciones en esa mazmorra de Corea del Norte, salió embarazada. Le queda ese hijo o hija. Le queda mucho y poco.

La organización Artículo 19 dio a conocer que desde 2003 han desaparecido en México 23 periodistas, es decir, dos por año en promedio.

En su informe "Periodistas desaparecidos en México" sostiene que 96 por ciento de las víctimas trabajaban en temas de corrupción y delincuencia, con posibles autoridades involucradas. De ellos, agrega, 15 desaparecieron en los estados de Veracruz, Tamaulipas y Michoacán.

En los 23 casos reportados desde 2003, precisa, impera la impunidad y se desconoce el paradero de las víctimas debido a las deficiencias en los procesos de búsqueda, y existen elementos que potencialmente les otorgan un carácter de desaparición forzada, aunque en ninguno de estos casos las autoridades contemplaron ese delito en sus líneas de investigación.

Según Artículo 19, el 23 por ciento de las víctimas investigaban el posible vínculo de autoridades militares, federales o estatales con grupos del crimen organizado.

En cuatro de las 23 desapariciones, detalla, se encontraban involucradas autoridades militares, en cinco federales y en siete estatales y municipales.

"Los periodistas son un grupo en situación de particular vulnerabilidad en relación a estas violaciones. La desaparición de personas que ejercen la libertad de expresión en México es alarmante en lo que concierne a las características de los casos que, en su mayoría, podrían calificarse como desapariciones forzadas", dice el documento.

Plantea, asimismo, que las investigaciones de los 23 periodistas desaparecidos están plagadas de irregularidades y hasta ahora no desembocaron en ningún resultado, lo cual demuestra que la Fiscalía Especializada para la Atención de Delitos cometidos contra la Libertad de Expresión (FEADLE) –integrada a la PGR en julio de 2010– "únicamente ha fomentado la impunidad".

Proceso
9 de febrero de 2016

Nota final

Apenas está cerrándose este libro, salpicando estas hojas de tinta negra, cuando dos periodistas fueron abatidos a tiros: Zamira Bautista Luna, reportera independiente y profesora de secundaria en Ciudad Victoria, Tamaulipas, quien fue sorprendida cuando conducía su vehículo, y Elidio Ramos Zárate, en Juchitán, Oaxaca, mientras cubría las protestas de maestros contra la reforma educativa.

Los homicidios fueron el 19 y 20 de junio. Las balas cayeron al calor del solsticio y en plena luna llena, rojiza y envuelta en ese halo de tristeza y pálidos colores. La muerte sigue, entonces este libro no podrá cerrarse ni tendrá fin: puntos suspensivos sin punto final. No hay manera de contar tanto dolor.

Narcoperiodismo de Javier Valdez Cárdenas
se terminó de imprimir en septiembre de 2016
en los talleres de
Litográfica Ingramex, S.A. de C.V.
Centeno 162-1, Col. Granjas Esmeralda, C.P. 09810, Ciudad de México.